国之栋梁

中国院士科技强国事迹

余玮 吴志菲 著

图书在版编目（CIP）数据

国之栋梁：中国院士科技强国事迹 / 余玮，吴志菲著 . -- 北京：东方出版社，2025.5. -- ISBN 978-7-5207-4450-8

Ⅰ . K826.1

中国国家版本馆 CIP 数据核字第 2025WY0542 号

国之栋梁：中国院士科技强国事迹
GUO ZHI DONGLIANG：ZHONGGUO YUANSHI KEJI QIANGGUO SHIJI

作　　者：	余　玮　吴志菲
责任编辑：	杨润杰　姚　伟
责任校对：	赵鹏丽
出　　版：	东方出版社
发　　行：	人民东方出版传媒有限公司
地　　址：	北京市东城区朝阳门内大街 166 号
邮　　编：	100010
印　　刷：	三河市龙大印装有限公司
版　　次：	2025 年 5 月第 1 版
印　　次：	2025 年 5 月北京第 1 次印刷
开　　本：	710 毫米 ×1000 毫米　1/16
印　　张：	18
字　　数：	240 千字
书　　号：	ISBN 978-7-5207-4450-8
定　　价：	68.00 元

发行电话：（010）85924663　85924644　85924641

版权所有，违者必究

如有印装质量问题，我社负责调换，请拨打电话：（010）85924602　85924603

目 录

003　苏步青
　　一生风雨任"几何"

013　贝时璋
　　用生命研究生命

025　钱学森
　　科学巨匠的另一面

035　侯祥麟
　　石油化工大家的"红"与"黑"

047　何泽慧
　　"中国的居里夫人"的伟大与普通

057　王大珩
　　中国光学奠基人的光阴与光华

069　彭桓武
　　大智若愚的"两弹元勋"

081　叶笃正
　　气象大家的大气象

093 **吴征镒**
　　争千秋勿争一日

105 **刘东生**
　　"黄土之父"的"空白地带"

115 **程开甲**
　　为国铸盾献终生

127 **吴文俊**
　　世界因他重新认识中国数学

135 **黄　昆**
　　中国半导体事业奠基人

147 **谢家麟**
　　高能物理学家的"加速梦"

157 **徐光宪**
　　造就稀土的中国传奇

169 **师昌绪**
　　丹心报国的"中国高温合金材料学之父"

179 **朱光亚**
　　国人心底闪耀的"科学明星"

189 **鞠　躬**
　　向挚爱的神经科学深深鞠躬

199 **戚发轫**
　　梦圆天地间

209 **陈景润**
　　"1+2"成就的传奇

221 **顾心怿**
　　我为祖国找石油

231 **王　选**
　　"当代毕昇"的光环背后

241 **张立同**
　　耐心攻关的复合型巾帼院士

251 **李德仁**
　　为了"东方慧眼"的智造

261 **李济生**
　　"牧星院士"的人生轨道

271 **黄璐琦**
　　给中药资源"号脉"

★ 档案盘点 ★

苏步青（1902—2003年），浙江温州人，著名数学家、教育家，国际公认的几何学权威，中国微分几何学派创始人，有"现代中国数学之父"之称，在国际上被誉为"东方国度上灿烂的数学明星"与"东方第一几何学家"。1927年毕业于日本东北帝国大学数学系。历任浙江大学教授、数学系主任、教务长，复旦大学教授、教务长、数学研究所所长、研究生部主任、副校长、校长、名誉校长等职；曾担任中国科学院上海数学研究所所长、复旦大学《数学年刊》杂志主编、《中国数学会学报》主编。中国科学院院士。

★ 卓越成就 ★

在仿射微分几何、射影微分几何、一般空间微分几何及射影共轭网理论等方面作出杰出贡献，创建了国际公认的中国微分几何学派；结合解决船体数学放样的实际课题，创建和开始了计算几何的新研究方向。教书育人，为祖国培养了一大批优秀的数学人才，呈现出良好的"苏步青效应"。

★ 人生语录 ★

作为一位教师，首先要教好书，这不是轻而易举的事。教师讲解和辅导，既要使学生听懂，又要回答学生提出的各种问题。

苏步青

一生风雨任"几何"

★★★★★

　　风范与卓识齐仰,贤德共高寿俱望。苏步青在浙江大学、复旦大学辛勤耕耘70余载,不但在微分几何领域独领风骚,著作等身,而且"毕生事业一教鞭",培养出一大批中国数学栋梁……

一、毅然谢绝高待遇

只要一提起苏步青的名字，浙江大学的校友都会流露出崇敬之情。正是苏步青这样一批知名教授在国难当头、民族存亡的关键时刻，放弃了国外舒适的环境和优越的物质条件，牢记科学救国的宗旨，毅然回国，到浙江大学致力于教学和科研，为国家培养了众多的科学技术人才，使浙江大学由一所普通地方大学迅速崛起，赢得"东方剑桥"和"民主堡垒"的美誉。

1931年，苏步青毕业于日本东北帝国大学研究生院，获得理学博士学位，成为获得此学位的第二个外国人(第一人是陈建功)。当时的日本和中国报纸在醒目位置刊登了这一消息，中国的北京大学、清华大学、厦门大学与日本东北帝国大学纷纷向苏步青发出聘书。然而，苏步青一一谢绝这些聘请。因为两年前，他与同学、同乡和好友陈建功有约在先。陈建功在日本东北帝国大学研究生院毕业向他告别时说："北京大学、武汉大学、日本东北帝国大学等大学都有聘书给我，论设备条件、工资待遇，新建的浙江大学最差……到浙江大学去！"不等陈建功说完，苏步青就打断他的话，说："你先去，我毕业后也来，让我们花上20年时间，把浙大数学系办成世界第一流的数学系，为国家培养更多的人才。"

苏步青从日本东北帝国大学毕业后，亲友、同学、老师纷纷挽留他：中国军阀混战，政局动荡，回去后吃苦不说，学术上的辉煌前程也要被断送。苏步青却坚定地说："我的祖国正处在水深火热之中，我不能袖手旁观。"这样，苏步青毅然放弃了日本有关方面的挽留以及其他学校的聘请，

1931年4月，苏步青（前排右四）与浙江大学文理学院数学系欢迎会的参会人员合影

只身来到浙江大学。一到校，他便投入紧张的工作之中。

然而，当时的国民党反动政府十分腐败，不重视教育，致使国立浙江大学办学条件十分艰苦，学校常常发不出工资，有时欠薪一拖就是四个月。苏步青连养活自己都非常困难，只有靠哥哥救济维持生活。到了第五个月，他便想离开浙江大学。当时的校长邵裴子赴南京国民党政府讨取经费匆匆赶回，听说苏步青要离开浙大的消息后，决定亲自上门挽留，清早敲开苏步青的门便问道："听说你要走？""是的。"苏步青回答。"你走不得，你是我的宝贝！""真的是宝贝吗？""真的是宝贝。""那好，我不走了，但我有妻儿在日本，我得去把他们接回来。"

暑假期间，苏步青去日本接回妻儿，从此安下心来在浙大工作。短短六年间，苏步青在微分几何方面作出巨大成绩，并与陈建功一起从教学研究出发，开始创办科学讨论班。这在中国也是一种首创，科学讨论班的举办，培养了学生严谨的研究态度，为今后的研究打下了坚实的基础。

二、俨然一位菜农的大学教授

正当浙大数学系开始出现欣欣向荣的好局面时，全民族抗战爆发了。1937年11月初，日寇飞机对杭州进行轰炸。日本帝国主义的侵略铁蹄践踏着美丽富饶的人间天堂。为了浙大师生的安全，为了让浙大学子在战乱中继续学习，不致荒废学业，浙江大学在竺可桢校长的率领下被迫举校西迁。

此时，苏夫人刚刚分娩，不能一起西迁。苏步青只得将妻儿送到平阳老家暂时避难，然后随着浙大西迁，经过2600余公里的长途跋涉，最后到达贵州遵义和湄潭建立临时校舍。暑假期间，他又返回平阳将妻儿接到湄潭，与著名植物生理学家罗宗洛一家住在湄潭朝贺寺的一间破屋里。

由于国民党反动政府的不抵抗政策，美丽富饶的中华大地逐步沦陷在日军的铁蹄之下，后方经济逐渐崩溃，物价飞涨。像苏步青这样靠工资收入且多子女的家庭，一人的工资完全不能糊口。苏步青的一个儿子出世不久，便因营养不良而夭折。作为数学系主任的苏步青，上课也没有一件完好的衣服，经常穿着满是补丁的衣服上讲台。当他在黑板上画几何图形时，学生们对着他的背悄悄议论："看，苏先生衣服上的三角形、梯形、正方形，样样俱全，还有螺旋曲线！"

为了生存，苏步青只得上街买了锄头、粪桶等工具，在朝贺寺前开出半亩荒地，种上蔬菜、红苕。每天下班，他就忙着浇水、施肥、灭虫，

1980年，苏步青夫妇在家中

俨然一位菜农。由于他对菜园的精心管理，蔬菜长势良好，弥补了家庭粮食之不足。有一天，湄潭街上菜馆蔬菜断了供应，还从他那里要去了几筐花菜。他在一篇回忆录中写道："一谈到菜根香，我就想起了抗战时期随浙江大学'流亡'到遵义附近的湄潭的情景来。那时，一家八口在破庙安身，生活困难，吃地瓜蘸盐巴过日子，总算熬过来了。"

三、于学生严格、于自己苛刻的师长

苏步青是世界级大数学家，一生专攻几何。在他之前中国尚无微分几何这门学科，他从国外回来后首创这门学科，填补了我国高校学科的一个空白。随后几十年他在这个领域不断开拓创新，进取发展，使这门学科走在了世界前沿。苏步青被西方人誉为"东方第一几何学家"，以苏步青为首的中国微分几何学派在浙江大学诞生，如今走向世界。苏步青一生笔耕不辍，著述等身，仅几何专著就有12部，许多在国外被翻译出版，其成果被世人称为"苏氏定理""苏氏曲线""苏氏锥面""苏氏二次曲面"等。许多理论已被应用于科研实践，如飞机设计、船体放样，既提高了科技产品的质量，又增强了经济效益。

勇于探索开拓、善于改革创新教育思想的苏步青，70余年的春风化雨，桃李满天下，栋梁架人间。他对学生的要求十分严格。在浙大时，一天夜里，一名叫熊全治的学生匆匆地来到苏步青家里，怕第二天研讨班的报告过不了关特来请教，可话音未落，苏步青就板起面孔训道："你怎么不早点来，临时抱佛脚，还能有个好？！"熊全治脸涨得通红，一声不吭，回到宿舍，干了一个通宵，第二天论文总算过关了。熊全治后来到美国成了名教授，40多年后回国探望苏步青时不无深情地说："当年多亏先生一顿痛骂，把我给骂醒了，否则我也不会有今天这样的成就。"

苏步青对自己要求更严。微分几何是他的专长，教了几十年，烂熟于心，但他每教一遍，都要重新备课，一方面把国际研究新成果及时写入教案，另一方面吸取学生意见，改进教法，既充实自己，又提高教学质量。他写板书一笔一画，整齐美观，讲起课来娓娓动听，饶有风趣，许多抽象的数学概念和枯燥的数字，经他道出就变得生动形象，通俗易懂。无理数 π（圆周率）是个奇妙的数，无限不循环，祖冲之推算出它的近似值是 355/113，精确度比较高，能精确到小数点后6位，称为"密率"。但这个分数很难记忆，苏步青风趣地说："把最小的3个奇数135各重复写一遍：113355，再一分为二——113与355，把前3个数作分母，后3个数作分子，不就是 355/113 吗？"这一记法妙不可言，令人终生难忘。

1952年10月，因全国高校院系调整，苏步青来到复旦大学数学系任教授、系主任，后任复旦大学教务长、副校长和校长。20世纪50年代后期，苏步青应用外微分形式法于高维射影空间的共轭网理论，得出一系列新颖而深入的成果，已总结成专著《射影共轭网概论》。他曾开设"微分几何五讲"课程，主持过计算几何讨论班。他十分注重教书育人，言传身教地实施素质教育，始终认为大学教育的根本目的是培养德智体美全面发展、能为社会主义现代化建设服务的合格人才。他提倡教师既要教书又要育人，要用崇高的思想品德教育下一代，经常以自己的亲身经历谆谆教导学生要增强历史使命感和责任感，为振兴中华发奋学习。

1978年暑假的一天，苏步青当年创立的科学讨论班在停了10多年之后在复旦大学开始恢复活动。可是一连几天暴雨不停，复旦校园内齐膝的积水茫茫一片，到会的青年师生都为此而发愁。有人说："这回苏先生不会来了。"有的说："他即使来恐怕也不会准时了。"大伙儿正在七嘴八舌，

苏步青在给学生上课

观望焦虑之时,这位76岁的老人,高挽裤管,脚穿凉鞋,撑着一把雨伞出现在大家面前,令四座唏嘘不已。苏步青抹去额头的雨水,向大家问了个好,看了看表正好8点,与开会时间分毫不差……

1935年,苏步青参与发起成立中国数学会,被推选为《中国数学学报》主编。1980年,他创办并主编《数学年刊》。他曾获1956年国家自然科学奖,1978年全国科学大会奖,1985年、1986年三机部和国家科学技术进步奖,1998年何梁何利基金科学与技术成就奖。

2003年3月17日,苏步青因病逝世。他一生光明磊落、实事求是、严于律己、待人宽厚、谦虚谨慎、生活俭朴,无愧为知识分子的楷模。

★ 档案盘点 ★

贝时璋（1903—2009年），浙江镇海人，著名生物物理学家、细胞生物学家和教育家，中国生物物理学奠基人和开拓者。1921年毕业于上海同济医工专门学校（同济大学前身）医预科。历任浙江大学理学院生物系教授、系主任、院长，中国科学院实验生物研究所研究员、所长，中国科学院学术秘书，中国科学院生物物理研究所研究员、所长兼中国科学技术大学生物物理系主任、研究生院生物教学部主任，中国科学院生物物理研究所名誉所长；曾任中国动物学会理事长，中国生物物理学会理事长、名誉理事长，《中国科学》《科学通报》副主编，《生物物理学报》主编，《中国大百科全书》总编委会副主任，《中国大百科全书·生物卷》编委会主任。中国科学院院士。

★ 卓越成就 ★

在丰年虫、鸡胚早期发育、小鼠造血系统（骨髓）、根瘤菌和沙眼衣原体等方面进行了细胞重建的研究，首次发现细胞的繁殖增生除细胞分裂之外，还存在另外一条途径——细胞重建，创立了"细胞重建学说"。

★ 人生语录 ★

学问试看胜于我者，境遇要比不如我者。

贝时璋

用生命研究生命

★★★★★

生物物理学是20世纪中叶以后逐渐形成、由物理学与生物学相互结合而产生的新兴边缘科学，是运用物理学的理论、技术和方法，研究生命物质的物理性质、生命过程的物理和物理化学规律，以及物理因素对生物系统作用机制的科学。贝时璋院士是中国生物物理学的奠基人。

一、五戴国外著名大学博士帽，不改中国心

贝时璋从小爱看书，一有空就去逛书店。1918年秋季的一天，15岁的贝时璋在汉口华景街旧书摊上买到一本德文原版书——菲舍尔（Emil Fischer）著的《蛋白体》，读得很感兴趣；虽然一知半解，但初步懂得蛋白体对生命是很重要的，也使他对与生命有关的科目产生了兴趣。就是这本描述蛋白质结构和组成的通俗浅显的书，像磁石一样吸引着贝时璋的心。1919年春，他违背了父亲要他进洋行工作的意愿，考入上海同济医工专门学校（同济大学前身）。入学后，先在德文科，经过半年德语深化学习，贝时璋顺利升入同济的医预科。

在此期间，贝时璋印象最深的，也使他受益最多的是当时教解剖学的鲍克斯德老师，他授课不带稿，也不发讲义；讲课时，用图谱和实物相互对照，讲解之细致生动，教学之认真负责，使人无比敬佩。贝时璋对形态学有兴趣，鲍克斯德老师讲的解剖学是有重要影响的。

1921年，贝时璋留学德国。德国弗赖堡大学承认同济医工专门学校医预科的学历，可以立即转入医科，而贝时璋却"改了行"，先后在弗赖堡大学、慕尼黑大学和图宾根大学学习自然科学，并以动物学为主系。在北海和波罗的海拥

年轻时的贝时璋

抱的美丽土地上，贝时璋整天与书本和仪器为伍，以实验室为家，刻苦攻读。他不但学习了生物学的课程，还学习了物理学、化学、地质学、古生物学等多门课程，又自学数学，并寻找一切机会参加实验或野外实习，这些学习活动使贝时璋受益匪浅。

1924年初，图宾根大学动物系的导师给贝时璋提出了博士论文题目：《两种寄生线虫的细胞常数》。经过深入思考，贝时璋提出寄生的线虫不适合做实验，因为不能培养，且虫体太大，细胞数目太多，又不透明，做实验很困难；而自由生活的、长在醋里的线虫——醋虫作实验材料，可用稀释的醋培养，个体小，细胞数目少，又透明，便于观察，有利于做实验。导师同意了他的意见。这样，贝时璋顺利地对醋虫的生活周期、各个发育阶段的变化、细胞常数、再生等进行了实验研究。他于1927年、1928年发表了两篇论文，其中一篇《醋虫生活周期的各阶段及其受实验形态的影响》是他的博士论文，显示了他非凡的才华，得到德国生物学界权威人士的赞誉。1928年3月1日，贝时璋完成了从本科到博士的"三级跳"，戴上了第一项自然科学博士学位桂冠。

1928年至1929年，贝时璋在图宾根大学动物系任助教，在著名的实验生物学家哈姆斯（Harms）指导下从事科学研究。动物系的学术活动较多，学术气氛活跃，当时动物系与物理系和地质系都在同一栋大楼里，各系青年见面机会多，时常讨论共同有兴趣的问题，使贝时璋有机会学到不少新的东西。

从1921年到1929年，学习六年半，工作一年半，贝时璋在德国一共待了八年。在德国的八年，他学会了科学研究的方法和技术，掌握了学术思想，积累了研究工作的经验，同时也形成了自己的风格：学习刻苦、谦虚谨慎，这是他的本色，是中华民族的传统。德国的传统，有些与中国的传统一致，如治学严谨，工作细心；有些是德国人闻名世界的特色，如条理清楚，秩序井然，以及多做少说，这些对他也产生了很大的影响。他注重秩序，什么事情都细致周密，有条不紊。他不轻易发表论文。工作做完了，论文写出初稿了，他总是那么放着，不急着拿出去，总在反复推敲，或者补充实验。他的论文也总是尽可能写得短。

在那个年代，还没有共聚焦或双光子显微镜，贝时璋用的是目镜5、物镜AP2mm、筒长152mm、放大1440倍的Leitz光学显微镜，所有制片都是手绘。他的博士论文含80张这样精细的绘图，每张图都非常逼真，看后令人赞叹。

50年后，即1978年3月，由于贝时璋长期工作在科研第一线，并在科学研究中获得卓越成就，图宾根大学再次授予他自然科学博士学位（"金博士"）。1988年，图宾根大学第三次授予贝时璋自然科学博士学位。2003年，图宾根大学第四次授予贝时璋自然科学博士学位（"钻石博士"）。2008年，图宾根大学第五次授予贝时璋自然科学博士学位。世界上获图宾根大学如此殊荣者仅贝时璋一人。

1929年秋，贝时璋离开图宾根大学回到贫穷落后的祖国。在当时的中国谋个适当的职业绝非易事，经过一些曲折后，贝时璋于1930年4月在杭州筹建浙江大学生物系，8月被聘为浙江大学副教授，担任系主任。在教学之余，贝时璋仍然在科学领域执着探索。

二、中国生物物理学"拓荒者"终成科海一星

在浙江大学，贝时璋先后教过普通生物学、普通动物学、组织学、胚

胎学、比较解剖学、遗传学、动物生理学等课程，同时又从事科学研究。贝时璋不仅对当时前沿的实验生物学有广泛深入的研究，还具有坚实的传统生物学的基础，他的教学具有精辟、透彻、前后融会贯通等特点。那时，贝时璋讲课不带讲稿，不夹带成串的外语，也不按照课本上的章节段落，讲授的课程内容翔实、条理清晰，总是深入浅出地突出各类生物在进化上的联系。贝时璋的板书端正，他在黑板上能绘制出精美细致的图表，还能将成百上千个骨头、神经肌肉和血管等的拉丁文名称背得滚瓜烂熟，这使学生们惊叹不已。

即使在抗日战争期间，浙江大学西迁内地，生活和工作条件极差，贝时璋也孜孜不倦地从事科学探索，为浙大生物系培植了浓厚的学术科研气氛。在浙江大学20年，贝时璋先后担任副教授、教授、系主任、理学院院长，培养了众多学生，推进了我国生物科学的发展，影响深远。贝时璋不仅是一位杰出的教育家，也是一位卓越的科研组织者、领导者。

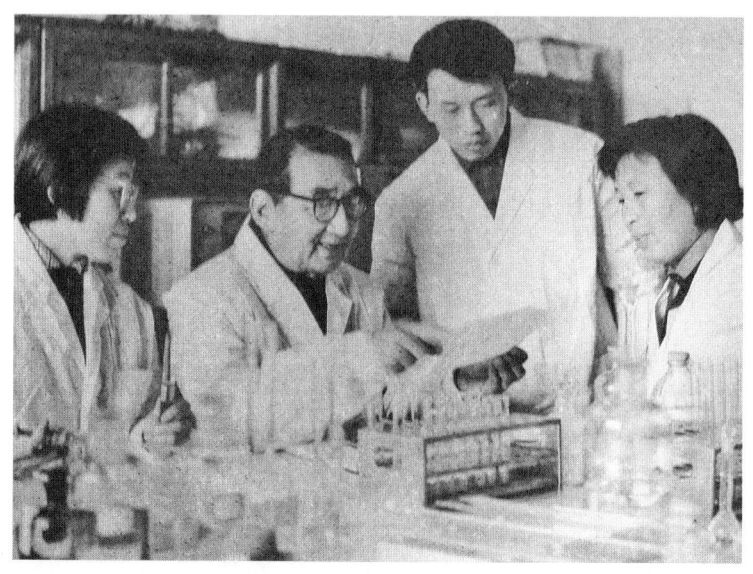

┃ 贝时璋（左二）与学生在一起

中华人民共和国成立后，为协助筹建中国科学院，贝时璋奔走于北京、杭州之间。1950年，他离开浙江大学到上海中国科学院实验生物研究所任研究员兼所长。1954年1月，中国科学院建立学术秘书处，贝时璋被调任学术秘书处学术秘书。1954年，贝时璋将实验室迁往北京。

那段时间，贝时璋把大量的精力和时间都放在了科学组织工作方面。他是组建中国科学院最初的倡议者之一，也曾参与制定新中国科学事业发展的很多重要规划。如为国务院科学技术规划委员会和中国科学院制定各种近期或长远规划，尤其是在1956年制定的《1955—1967年科学技术发展远景规划纲要》，1973年撰写的"科学技术基本建设"的建议以及参加制定《1978—1985年全国科学技术发展规划纲要》等。

生物物理学是20世纪中叶以后逐渐形成的一门新兴边缘学科。早在20世纪40年代，贝时璋就洞察到物理学和生物学相互渗透的大趋势，深信生物学必将从描述性科学向定量性科学转变。因此，他在研究细胞和染色体、发育和再生等生物学问题的同时，还坚持自学高等数学，并不断充实自己的物理学和化学知识。20世纪50年代，他匠心独运地组织物理学家、化学家和数学家合作共事，把物理科学的思想、方法和概念运用到生命科学研究中。

1958年，在中国科学院领导下，由贝时璋负责在北京实验生物研究所基础上改建成中国科学院生物物理研究所，贝时璋任研究员兼所长。这标志着生物物理学作为一门独立的学科在中国正式确立，为其后来的蓬勃发展奠定了坚实基础。贝时璋还创建了中国科技大学生物物理系，为中国生物物理学的发展培养了大批人才。

1964年，贝时璋召集了全国第一届生物物理学学术会议，并在大会上报告"生物物理学中的若干问题"，指出生物学与物理学相结合是自然科学发展的必然趋势，这种结合会像生物学与化学结合那样，在生物学领域将产生一系列重大发现。在他的领导下，1980年在北京成立了中国生物物理学会，贝时璋众望所归地当选为中国生物物理学会理事长。1983年后，他担任中国生物物理学会名誉理事长，仍然十分关心学会的建设和发展。1985年，《生物物理学报》创刊，由已处于耄耋之年的贝时璋担任主编。

担任生物物理研究所所长期间，贝时璋注重发展学科交叉研究，组织物理学、化学、数学和工程技术专家一起工作。为适应中国原子能事业发展的需要，贝时璋开创了放射生物学研究，研发了核试验落下灰监测站和天然放射性测量技术。在国际航天事业起步之际，贝时璋又高瞻远瞩地创建了宇宙生物学研究室，与有关部门合作，在1964年到1966年两年间发射了五枚生物探空火箭，并成功回收了搭载的生物样品和实验动物。

经历了近一个世纪的探寻，贝时璋说："我现在对生命的本质问题可以发表意见了，我是将天文、物理、化学、生物、哲学结合起来，探讨生命的本质，这种深刻而立体的认识与年轻时是不能相比的，那时可能只对一个单薄的独立的生命感兴趣。"他晚年还在从事细胞重建的研究，并坚定地认为，21世纪是生命科学全面深入发展的时代，人类追求长寿已不再是一种梦想。

三、以生命研究生命科学

在长达80多年的科学探索生涯里，贝时璋取得了许多科学成果，他的主要研究工作包括动物的个体发育、细胞常数、再生、中间生、性转变、染色体结构、细胞重建、昆虫内分泌腺、甲壳类动物眼柄激素等方面，其中尤其以关于细胞重建的研究最为突出。

在德国留学时，贝时璋就开始了实验细胞学的研究工作。回国后，他继续这项研究。1932年春，贝时璋在杭州郊区松木场稻田的水沟里观察到甲壳类动物丰年虫的中间性，并发现在其性转变过程中生殖细胞的奇异变化，即细胞解体和细胞重建的现象，这一现象表明存在新的细胞繁殖方式和途径，打破了细胞只能由母细胞分裂而来的传统观念。贝时璋将此种现象称为"细胞重建"，于1934年在浙江大学生物系的一次讨论会上报告了这项研究结果，发表了题为《丰年虫中间性生殖细胞的重建》的论文。

1871年，德国病理学家微耳和提出"细胞来自细胞"的理论，从而形成了一个完整的细胞学说。从那时起，生物学界就一直确认分裂方式是细胞繁殖增长的唯一途径。但贝时璋的"细胞重建学说"彻底打破了这个生物学界信奉了100多年的金科玉律。

经过几年研究，贝时璋对南京丰年虫中间性性转变过程中的细胞重建现象的主要情况已经了解清楚，他正要进一步深入研究，全民族抗战爆发后，浙江大学迁到贫穷落后的黔北小山城湄潭。那里找不到丰年虫的中间性，此项研究只得暂停。

直到1942年和1943年，贝时璋才在《科学记录》和《科学》上发表了自己关于"细胞重建"的重大发现。论文发表后，世界生物学界并没有人真正关注，也无法展开讨论。当时，也有许多别的事情等着贝时璋去做，他只得把细胞重建的研究工作暂时放下。谁知这一放，竟放了近30年！

在各种条件的促成下，1970年，贝时璋终于在中国科学院生物物理研究所又开始了细胞重建的研究。但是，有人说研究细胞起源是"共产主义的任务"，意思是说研究细胞起源超越了时代，脱离了现实，不可能完成。他们的研究工作进行到1974年，丰年虫性转变过程中的细胞重建现象得到了充分的验证。

1981年，贝时璋与钱学森交谈

直至1978年，迎来了科学的春天，贝时璋才又有机会和条件与一批年轻的工作人员一起对细胞重建这一课题继续开展较为广泛和深入的研究。他们研究了各类物种、生物体各个部分、各种生命过程、各种情况和条件下的细胞重建，通过实验证明细胞重建是普遍现象，并发表论文，出版《细胞重建》论文集，将研究结果总结成系统的理论，形成一个完整的"细胞重建学说"。

随着时间的推移，"细胞重建"理论走向全世界。1983年贝时璋在《中国科学》（英文版）连续发表五篇论文，进一步阐明生物体的自组织问题。科教电影《细胞重建》还在国内获奖，并两次在国际性的科技进步电影节和医学电影节上获奖。

鲜花、掌声、荣誉、头衔接踵而至，可贝时璋没有自我陶醉，而是一如既往地默默耕耘在细胞领域。暮年，贝时璋仍担任中国科学院细胞重建研究组组长，还在进行有关"细胞重建"的科学研究，指导科研工作，撰写研究论文和学术著作。在清华大学举行的第 14 届生命起源国际大会上，贝时璋担任大会总顾问，并作了《细胞重建——细胞起源的缩影》的科普演讲。对于细胞重建理论的意义，贝时璋曾这样说："不久以后简单的生命将在实验室合成。那时，生命与无生命之间的界限，也不再是固定不变了。"

贝时璋是"用自己的生命研究生命科学"的人。他在自己的一篇学术自传中谦虚地说："自从我提出细胞重建学说以来，在这一漫长曲折的科研征途中坎坷逾半世，没有受到学术界广泛的、严格的检验，引以为憾！"这就是一位科学家虚怀若谷的胸襟。是的，他对生命科学有热情，也有敬畏。

回顾自己的一生，贝时璋说，无论时世如何变化，作为学科学的人，科学道德是很重要的。一个真正的科学家是忠于科学、热爱科学的。他热心科学，不是为名为利，而是求知，爱真理，为国家作贡献，为人民谋福利。对科学家来说，最快乐的事情是在实验室里做实验或在图书馆里看书。即使实验失败，也不泄气，总结经验、找出问题、继续前进；要不嫌麻烦，肯下功夫，有耐心，有毅力，最后总会成功。

2003 年，国际小行星中心和国际小行星命名委员会根据中国国家天文台的申报，正式批准将该台于 1996 年 10 月 10 日发现的、国际永久编号第 36015 号小行星命名为"贝时璋星"。

★ 档案盘点 ★

钱学森（1911—2009年），浙江杭州人（生于上海），世界著名空气动力学家，流体力学的开路人与工程控制论创始人，现代航空科学与航天技术先驱，被誉为"中国导弹之父"。1934年毕业于上海交通大学。历任美国麻省理工学院、加州理工学院教授，中国科学院力学研究所所长，国防部第五研究院院长、副院长，第七机械工业部副部长，国防科委副主任，国防科工委科技委副主任等职；担任过中国力学学会、中国宇航学会和中国系统工程学会名誉会长，中国科学技术协会主席等职；当选过全国政协副主席、中央候补委员。生前为解放军总装备部科技委高级顾问、中国科协名誉主席。中国科学院院士、中国工程院院士。

★ 卓越成就 ★

开创了工程控制论、物理力学两门新兴学科。最先为中国火箭导弹技术的发展提出了极为重要的实施方案，并长期担任中国火箭导弹和航天事业的技术领导职务，为实现中国国防尖端技术的新突破建立了卓越功勋。他潜心研究的工程控制论、系统工程理论，广泛应用于军事、农业、林业乃至社会经济各个领域的实践活动，在中国现代化建设中发挥了重要作用。

★ 人生语录 ★

我很高兴能够回到自己的国家，今后我将竭尽努力，和中国人民一道建设自己的国家，使我的同胞能过上有尊严的幸福生活。

钱学森

科学巨匠的另一面

　　享誉海内外的杰出科学家钱学森一生为国家和民族作出了巨大贡献，堪称当代的民族英雄，不愧为人民科学家，不愧为国防科技战线的光辉旗帜。

　　转瞬之间，钱学森离开多年了。他的大名以及他为新中国航天事业所建立的卓越功勋，可以说尽人皆知；但这位科学巨匠和夫人长达60余年的相濡以沫，以及夫人心目中的另一个侧面的"钱学森"却鲜为人知……

一、"你要钱,我要奖(蒋)"

蒋英是我国现代著名军事战略家、军事教育家蒋百里的三女儿。蒋百里早年在杭州求是书院读书时,有一位同窗好友钱均夫——钱学森的父亲,两家往来密切;钱学森与蒋英也青梅竹马,互有爱慕之心。哲人说,爱是彼此心灵的联盟。爱侣之间常常互相被对方美丽的东西吸引,包括人品与学识。钱学森与蒋英便是这样。

为了钻研科学,他们推迟了婚期,钱学森到36岁才结婚。蒋英不但是钱学森生活上的好伴侣,也是事业上的好帮手。蒋英说:"我们两个人都是事业型的,都把事业看得比爱情更重。他一生对金钱、对地位、对荣

钱学森和蒋英在一起

誉很淡漠。"

钱学森当年放弃在美国的优厚条件，坚决要求回到各方面都还十分落后的祖国，就是为了用自己的知识与智慧建设祖国，使人民幸福。回国后，钱学森完全靠自己的工资生活。除工资之外，他还有一些稿费收入，晚年也曾得到过较大笔的科学奖金。但他把自己一生所得的几笔较大的收入统统捐了出去。1958年至1962年，钱学森有好几笔上千元的稿费，这在当时简直是"天文数字"，那时人人都吃不饱肚子，但是钱学森并没有对这些钱动心。他拿到这些稿费后，转手就作为党费交给了党小组组长。

香港有关方面为表彰钱学森在中国科学事业上的杰出贡献，曾先后奖励他两笔奖金。第一次，钱学森让秘书将100万港币的奖金直接捐给了西北治沙工程。第二次又是100万港币。蒋英说："我们都老了，是不是……"钱学森幽默地回答："那好，你要钱，我要奖（蒋）。"不久，100万港币又被如数捐了出去。

在钱学森的履历介绍上有"任国防部第五研究院院长、副院长"的字样。事实上他是先当的院长，后当的副院长。岂不是降职了？这就是钱学森和常人的不同之处。1956年，他向中央建议，成立导弹研制机构，这就是后来的国防部第五研究院，钱学森担任院长。但是随着导弹事业的发展、五院规模的扩大，钱学森作为院长的行政事务也越来越多。当年45岁的钱学森虽然精力充沛，但他既要为中国的导弹事业举办"扫盲班"，又要带领大家进行技术攻关，还要为研究院一大家人的柴米油盐操心。为此，他给聂荣臻写信要求"退"下来改正为副，专心致志于科学研究和技术攻关，上级同意了他的要求，使他从繁杂的行政、后勤事务中解脱出来。从此，他只任副职，第七机械工业部副部长、国防科委副主任等，专司我国国防科技发展的重大技术问题。他对这种安排十分满意。

钱学森考虑更多的是科研工作，而不是自己因此会失去什么权力，降低什么待遇。这种精神贯穿他的一生。钱学森出任中国科协第三届主席的经历也是曲折的。1985年,科协二届五次全国委员会一致通过建议由钱学森担任第三届主席,可他不同意。直到闭幕那天,在京西宾馆开闭幕大会,文稿写好了,请钱学森(科协二届副主席)致闭幕词,并送他审阅。他看了稿子后表示:这个稿子原则上我同意,但最后要加一段话,让我向大家说明,我不能出任第三届主席的理由。如果你们同意加这段话,我就念这个稿子;如果你们不同意,我就不念,请别人致闭幕词。科协的同志只好表示:"钱老,您念完这个稿子,可以讲一段您个人的意见,但不要正式写进这份讲稿。"于是,钱学森同意致闭幕词。但是当他在说明自己不适合担任下届主席时,大家连续地鼓掌,使他没法接着讲下去,有人站起来插话:"钱老,这个问题您个人就别讲了。"大家对插话又热烈鼓掌。后来,方毅、杨尚昆、邓颖超都出面找他谈话,劝他出任科协第三届主席。这样,钱学森才担任了下一届科协主席。1991年,当他任期满后,在换届时,他

| 1986年6月,钱学森在中国科学技术协会第三次全国代表大会上致开幕词　中新图片/张平

坚决不同意连任，并推荐比自己年轻的人担任下届科协主席。

钱学森是全国政协第六、七、八届副主席。第六届他并不是换届时选进，而是中间增补进去的。但钱学森并不算这个细账，在七届任满时，他就给当时的政协负责人写信，请求不要在八届政协安排任何工作。但是这个报告没被批准，直到1998年全国政协八届换届时，钱学森才从副主席的位置上完全退下来。这便是一个不要地位要作为的钱学森。

对荣誉，钱学森也是如此。在中国从事科研工作的人大多都想争取一个"院士"的称号，这个称号在1994年以前叫"学部委员"。然而，钱学森在1988年与1992年曾两次给当时任中国科学院院长的周光召写信，请求免去他学部委员的称号。周光召与严济慈一起做他的工作："学部委员不是个官位，是大家选的，任何领导无权批准您的请辞报告。"于是，钱学森只得放弃个人的想法。

二、啼笑皆非的"索夫"

在钱学森家的客厅里，墙上曾挂着一幅巨幅"蘑菇云"照片——那是第一颗战略导弹在罗布泊精确命中靶心的激动人心时刻。每当他看到这幅照片，总有一股自豪感油然而生——因为它掌握在中华民族的手里，就是和平的象征。这在他的心目中，是世界上最美丽的和平之花。

当年，钱学森回国后不久，便一头扎在了大西北，冒着狂暴的黄沙，顶着火辣辣的烈日，在人迹罕至的大沙漠中与科技人员一起风餐露宿，夜以继日地研究解决许多重大的国防科技难题，一干就是好几个月不回家。

那期间，钱学森往往一去便是几个月，没有书信。有时，他突然回家，夫人问他去哪儿了，为什么瘦成这个样子，他只是淡淡一笑，说一声"没关系，不用担心"，就算支应过去。蒋英曾回忆起钱学森的那段生活时，不无嗔怨："那时候，他什么都不对我讲。我问他在干什么，不说。有时忽然出差，我问他到哪儿去，不说；去多久，也不说。他的工作和行动高度保密，行踪不要说对新闻界、对朋友保密，连我们家人也绝对保密，一点也不知道他在干吗。"

有一回，钱学森又"出差"，一去又是几个月，杳无音信。蒋英急得坐立不安、寝食不宁，再也无法忍受这种亲人音信全无的痛苦折磨，急匆匆地找到一位国家领导人，像一个天真的孩子赌气地质问："钱学森到哪儿去了？他还要不要这个家？"说完呜呜地哭了起来。

其实，这时的钱学森并没有失踪，他正在戈壁荒漠之上紧张地进行着"东风一号"近程导弹的发射准备工作。这颗导弹是在钱学森的领导下，技术人员和工人奋战了700多个日夜研制成功的。

1960年11月5日，新华社发了一条电讯通稿：我国第一枚"东风一号"近程导弹在我国西北地区发射成功，精确命中目标……蒋英看到消息，脸上露出了笑容——莫非是他？莫非他就在"我国西北地区"？"他回来了，经'质问'而验证我猜中了。当我向他讲述自己前不久找国家领导人'索夫'的故事后，逗得他哈哈大笑。"蒋英说，此后，钱学森又有多次"失踪"，每次"失踪"总是给祖国人民带来惊喜。

"中国导弹之父"钱学森虽然并不是具体抓每一项技术工作，但每项技术工程都凝结着他的心血与智慧。后来，由于身体的缘故，他不能坚守岗位，但他一直心系中国的火箭、导弹和航天事业。几十年来，受过他直接指导、得到他帮助的中青年遍布全国各地，已成为中国航天事业现代化建设的栋梁之材。钱学森是位不服老的老人，也是一个闲不住的人。晚年，他以90多岁高龄继续担任中国科协的名誉主席和国防科工委的高级顾问。

三、喜欢贝多芬作品的"科学元帅"

钱学森和蒋英婚姻美满，夫妻恩爱。虽然他们所从事的专业各异，但为祖国奉献、为人民效力的心一样热。钱学森钟情于蒋英，同时也钟情于他和蒋英共同酷爱的音乐。

蒋英从小喜欢音乐，钱学森也自幼酷爱艺术，中学时代他是有名的铜管乐手。钱学森与蒋英一样，喜欢听音乐，对世界乐坛名家的各种风格都熟稔，欣赏音乐的艺术品位很高。

在麻省理工学院学习期间，钱学森经常到波士顿听交响乐团的音乐会。波士顿交响乐团每周都要演出一次，它那整齐的阵容、高超的技艺享誉世界，征服了无数音乐爱好者，也征服了钱学森。没有特殊情况，每个周末的音乐会他几乎都要到场。为了听音乐会，钱学森宁肯节衣缩食，十分节俭地使用他打工挣来的钱。音乐给了他慰藉，也引发了他幸福的联想。每当他听到那些悠扬的乐曲声，便情不自禁地想起身在异地的蒋英——远离家乡、远离祖国、在欧洲学习声乐的姑娘。

20世纪50年代中期，蒋英在中央实验歌剧院担任艺术指导。蒋英说："为了满足广大工农兵的要求，我和演员们一起到大西北偏僻落后的地方巡回演出，并努力学唱中国民歌、昆曲、京韵

钱学森　中新图片/张平

大鼓,甚至京戏。"她穿上民族服装,扮作村姑,登台演唱,颇受群众欢迎。钱学森工作忙,不能去听,蒋英就把声音录下来,带回家,等他休息时再放给他听。

后来,为了照顾钱学森的工作与生活,有关部门安排蒋英先后在中央音乐学院声乐系、歌剧系担任领导并任教。蒋英只好放弃最喜爱的舞台生涯,用自己的全部心血培养学生。晚年,夫妇二人依然生活得富有情趣,非常充实。

"与我相比,他更喜欢贝多芬的作品,尤其喜爱贝多芬的第三交响曲《英雄》。"蒋英说。在钱学森看来,贝多芬不是一个单纯的作曲家,在本质上贝多芬是音响诗人,是音响哲学家。他说:"贝多芬的最大成就,就是让音符述说哲学,解释哲学,使音乐成为最富于哲学性质的艺术。贝多芬总是用音符寓意托情,启迪人类的灵性,感发人类的道德和良心。"他时常陶醉在贝多芬的音乐世界里,也被贝多芬的英雄气概感染。

共同的爱好,使钱学森与蒋英的感情生活更加温馨和谐,多姿多彩,也使他们各自的事业相辅相成,相得益彰。"他还和我合作发表过一篇关于发展音乐事业的文章呢。"在蒋英的影响下,钱学森将科学与艺术的思考结合得更紧了。钱学森写了许多美学、文艺学和社会主义文化学以及技术美学等方面的文章,发表了许多独到的见解。这些成果无不是与蒋英爱情的结晶。

2009年10月31日上午,"科学元帅"钱学森在北京病逝。钱学森走了,中国科技界痛失巨擘。然而,他对新中国的功绩永远彪炳史册!他冲破重重阻力回国报效的爱国热情,他淡泊名利、甘于寂寞、默默无闻的奉献精神,以他为代表的"两弹一星"精神,永远激励着后人不断前进!

★ 档案盘点 ★

侯祥麟（1912—2008年），广东汕头人，化学工程学家、燃料化工专家、中国石油化工技术开拓者、中国炼油技术奠基人，被誉为"中国石油之父"。1935年毕业于燕京大学化学系。历任美国麻省理工学院副研究员，清华大学化工系教授兼燃料研究室研究员，中国科学院大连石油研究所研究员，石油管理总局炼油处主任工程师，石油工业部生产技术司副司长，石油科学研究院院长，石油化工科学研究院副院长，石油工业部副部长兼石油化工科学研究院院长等。中国科学院院士、中国工程院院士。

★ 卓越成就 ★

作为中国炼油技术的奠基人，解决了国产喷气燃料对镍铬合金火焰筒烧蚀的关键问题。领导研制出多种特殊润滑材料，满足了中国发展原子弹、导弹、卫星和新型喷气飞机的需要。还领导了流化催化裂化、催化重整、延迟焦化、尿素脱蜡及相关的催化剂、添加剂等"五朵金花"炼油新技术的成功开发，使中国炼油技术在20世纪60年代前期很快接近当时的世界水平，结束了中国人使用"洋油"的历史，成功地突破了对中国的封锁，推动和促进了中国炼油技术的成长和发展。大力支持石油化工科学研究院研制新型催化剂，最终形成减压馏分油催化裂解新工艺。

★ 人生语录 ★

我和中国一起走过了20世纪几乎全部的历程，往事历历在目。能够见证历史，以个人的微薄力量参与其中，是我的幸运。

侯祥麟

石油化工大家的"红"与"黑"

★★★★★

  共和国不会忘记，在战鹰展翅飞翔中，在罗布泊上空升起的第一朵蘑菇云里，在遨游太空的人造卫星和原子能的和平利用上，在"神舟"号飞船上，无不凝结着侯祥麟和同事们的心血，无不体现出自主创新的奋斗精神。

  这位德高望重的"红色科学家"一生把心血交付了黑黑的石油——"红"与"黑"，是他的整个世界。这位国际石化界响当当的老科技工作者书写了中国科技史上灿烂而辉煌的一页，竟终生没有发表一篇论文——其实，他自身就是一本厚重的书、一篇读不透的大论文。

一、"红色战士"终成"黑石油"提炼大师

侯祥麟出生于广东汕头,在兄弟姐妹 9 人中排行第八。父亲侯乙初是一位中学教员,母亲是一位普通的家庭妇女。父母把说实话、与人为善、努力学习等优秀品德作为做人的根本原则来教育孩子们,这些自幼培养起来的优秀品德,成就了侯祥麟的一生。和睦、亲切的家庭氛围,为侯祥麟创造了欢乐的儿时生活。

1919 年,侯祥麟进入汕头崎碌小学读书。老师是位激进爱国者,每年 5 月 7 日国耻日,他都带领学生上街游行,参加各种爱国行动。少年侯祥麟不仅求知欲强,成绩优异,爱国反帝思想也在他幼小的心灵里扎下了根。小时候,侯祥麟最爱看的书是《三国演义》和《水浒传》,那些忠君报国、舍生取义的英雄好汉让他感佩不已。

1928 年,侯祥麟进入上海圣约翰大学附属中学读高中,在一堂化学课上,博学多才的化学老师旁征博引,讲起爱因斯坦的质能理论,提到"原子里蕴藏着极大的能量,如果释放出来将产生不可想象的威力"。老师的话让侯祥麟终日畅想着搞原子能研究;生动的内容总是把他引入奇妙迷人的微观世界。因为喜欢化学老师,侯祥麟不知不觉中将兴趣转移到化学课上。虽然很久之后他才搞清楚原子核是物理学,不是化学,但少年的一时幻想却让他迷上了化学,并决心把研究化学作为自己终生的事业。

1931 年,侯祥麟考取燕京大学化学系。不久,九一八事变爆发,出于对国家、民族危亡的关切,满腔热血的侯祥麟和燕大、北大等北平各校

学生组成请愿团南下，要求国民政府出兵抗日。眼见大片国土不断沦丧，侯祥麟和一些爱国同学大声疾呼，在校内外宣传抗日，还到山海关慰问抗日将士。在大学一年级的时候，侯祥麟从江西来的一位同学那里了解到许多关于红军和中国共产党领导的革命根据地的情况，后来又从图书馆的外国杂志上看到红军正在北上抗日的消息——这使他对共产党人产生敬佩之情。大学期间，他读了艾思奇的《大众哲学》和苏联的《政治经济学教科书》。

1935年，从燕京大学化学系毕业的侯祥麟考入中央研究院（上海）化学研究所。他曾回忆说："我信仰马列主义首先是从理论上接受的……从1935年到1937年的两年里，我白天在化学所做研究工作，晚上在住处看马列英文原著，读到会心之处，心中的激动之情难以言表，暗暗庆幸自己终于找到了真理……我非常想做一名共产党员。"也许侯祥麟已经意识到，当时对于中国，更需要的是来一次社会意义的"化学革命"，而这化学反应的"催化剂"则是马列主义。

1937年7月7日，日本军队在卢沟桥向中国军队发动进攻，接着又把战火烧到上海，中国军民奋起抗战。此时侯祥麟不能再继续研究工作了，他辗转到长沙投身抗日救亡运动，作出了"人生中最重要的决定"。1938年4月，侯祥麟秘密加入中国共产党。从此，"红色"便成为他世纪人生的厚重底色。

20世纪30年代，日寇的铁蹄践踏锦绣的中华山河。就在那救亡图存的时刻，侯祥麟与石油结下了一辈子的缘分。他回忆说："我曾经受党的委派参加国民党学兵队，希望能奔赴抗日最前线。但是，国民党的消极不抵抗政策，让我救国无门。而当时内地汽油、柴油奇缺，直接影响到抗战，用现在的术语来说，当时我们遭遇了极度紧迫的'能源危机'，唯一的出路就是发展可再生能源中的'生物质能'，发挥替代能源的作用。我是学化工的,我十分渴望用自己掌握的知识投身炼油事业,为抗日做一点实际工作。"就这样,经过党组织批准,侯祥麟离开学兵队,投入炼油生产。在此期间,父母屡屡催其结婚成家,他总是以"匈奴未灭,何以家为"而答之,直到 43 岁时,新中国成立后才结婚。

侯祥麟曾回忆:"当时没有油,从滇缅公路拉油。那时的汽车上面背着一个大气包,用煤气发生炉,还有的用酒精的。那时候我就想燃油要立足于国内。"当年,无油可炼,他就用菜籽油炼制柴油,用煤干馏制取人造石油;燃料不足,他便设计出精馏塔,从白酒中提炼酒精……一滴汽油一滴血,一腔热血一腔爱。

二、盛开的"金花"结束国人的"洋油"历史

1963 年 12 月,第二届全国人民代表大会第四次会议正在人民大会堂举行。周恩来总理庄严宣布:中国需要的石油,现在已经可以基本自给,中国人民使用"洋油"的时代,即将一去不复返了! 台下掌声雷动! 如果说石油是共和国生生不息躯体里的"黑色血液",那么侯祥麟就是源源不断为之输送"新鲜血液"的"造血人"。

可就在几年前,中国的石油化工工业还是举步维艰。1956 年,苏联专家为我国做出了兰州炼油厂的设计方案,产品中有我国急缺的航空油品。兰州炼油厂建成之前,石油工业部就在玉门进行了生产试验。经过多次改进,终于生产出航空煤油。油样送到沈阳飞机发动机厂做燃烧试验,经过 200 小时运转,油的推力、热值都可以,油路也正常,可就是 9 个火

焰筒都出现了密密麻麻的坑点。

到底是油的问题，还是火焰筒的问题？此后先后用苏联的火焰筒试验、委托苏联空军做燃烧试验，都未从根本上找到症结所在。石油科学研究院开发出喷枪和小单管两种燃烧试验方法，又在添加剂上想办法试验，最终也都没能解决问题。

屋漏偏逢连夜雨。1959年，中苏关系紧张，从苏联进口的石油产品尤其是军用油品数量锐减，出现了全国性的"油荒"。国家领导人急在心头，石油工业部部长更是心急如焚。侯祥麟清楚地记得，1960年，时任副总理聂荣臻给石油工业部部长余秋里的一封信："……航空油料仍完全依赖进口，煤油的技术问题还未解决，汽油只能生产部分型号，润滑油也有不少问题。这些情况使人担心，一旦进口中断，飞机就可能被迫停飞，某些战斗车辆就可能被迫停驶。"

身为主抓炼油科技工作的"舵手"，侯祥麟焦急万分，恨不得把自己血管里滚烫的鲜血变成石油，输给"贫血"的祖国母亲。请缨挂帅的侯祥麟，组织起六个研究室的力量，带领科研人员日夜苦干，甚至连除夕夜都是在试验室度过的。侯祥麟回忆起那段日子时说："在这种形势下，我所承受的压力是前所未有的。"

京城华灯齐放，万家团聚。1961年除夕，到处洋溢着节日的气氛。在京郊的石油科学研究院一座平房里，异常紧张的气氛弥漫着整个房间。侯祥麟坐镇指挥着一次精制的玉门航空煤油的小单管燃烧试验。

这是一次胸有成竹抑或孤注一掷的试验。在1年多的时间里，石油工业部几次发出《关于采取多种方法试制航空煤油的通知》。国务院领导也再次指示，必须加快航空煤油的研制工作。石油科学院、中国科学院有关科研所、兰州炼油厂、玉门炼油厂、三机部、解放军总后勤部、空军等20多个单位联合攻关。这次试验是联合攻关的重大举措。

工作时的侯祥麟

小单管燃烧试验开始，巨大的轰鸣声伴随着他们怦怦的心跳声，伴随着新春的钟声，报捷的锣鼓即将敲响，报捷的喜报即将写好，等待着那激动人心的时刻的到来！然而，仿佛迎头一棒，击得所有人目瞪口呆。合金钢燃烧筒丝毫没有怜悯这群痴情的人，被烧蚀成麻点的火焰筒作为春节"礼物"无情地呈现在他们面前。

试验、失败，再试验、再失败……无数次挫折、失败，无数次分析、总结。经历无数次失败和挫折之后，侯祥麟开始全方位梳理自己的思路：我们搞航空煤油就是将它精炼再精炼，提纯再提纯，与苏联的油相比较，似乎太"纯洁"了，难道是物极必反？那么，反其道而行之，往油里加"杂质"。加什么？加硫黄？这不是引"狼"入室、引火烧身吗？硫黄被认为是最不好的腐蚀杂质。不！任何事物都有两方面，好与坏都是相对的。在一定条件下，好可以变坏，坏可以变好，这就是辩证法。由此，他推断对镍铬合金火焰筒的高温烧蚀可能是由于我国航空煤油含硫低引起的,这是从未有人提出过的烧蚀机理。

加入硫化物后,高温烧蚀难关一举攻破,试验获得成功。人们震惊却没有欢呼雀跃,他们难以想象的是,这个困扰、折磨他们数年的问题竟是因为硫化物含量低!侯祥麟一语道破其中的奥秘:我们被形而上学禁锢住了,走进了怪圈。这就好比一层窗户纸,捅破了,豁然开朗。此理也正符合科学的一条规律:越复杂的也是越简单的。

烧蚀问题一下子解决了,侯祥麟和大家一样如释重负。他们不仅解决了航空煤油的技术问题,还研制出了氟油、硅油、脂类油等一系列高精尖特种润滑油品。

老问题解决了,新问题又产生了。大庆原油虽然产量很高,但缺乏先进的炼制手段,不能加工成高质量的油品。为了解决这个问题,1962年,石油工业部在香山召开了炼油工作会议。会议决定集中各方面的技术力量独立自主地开发炼油新工艺、新技术,焦点集中在五个项目上:流化催化裂化、催化重整、延迟焦化、尿素脱蜡及相关的催化剂、添加剂研制。在石油工业部副部长刘放的提议下,他们给这五项技术起了个美丽的名字——"五朵金花"。

作为石油工业部石油科学研究院主管炼油科技工作的副院长,侯祥麟可以说是研制"五朵金花"的直接领导者。1965年前后,"五朵金花"相继盛开。其中四项工艺技术的工业化装置分别在大庆炼油厂、抚顺石油二厂、锦西石油五厂先后建成投产,各种催化剂、添加剂也投入生产和应用,使我国的炼油工业技术在20世纪60年代中期接近当时的世界先进水平,并为后来的发展打下了坚实基础。"五朵金花"朵朵艳丽,哪一朵不饱浸"花农"侯祥麟的汗水?

继20世纪60年代的"五朵金花"后,侯祥麟等专家在20世纪80年代针对我国石化行业比较落后的情况，提出要加大技术创新力度。于是，中国石化总公司每年组织"十条龙"科技攻关，其中有四项突出的技术创新成果：催化裂解、常压重油催化裂化、缓和加氢裂化、乙烯裂解炉（南方炉和北方炉），被时任中国石化总公司总经理盛华仁誉为20世纪80年代新的"四朵金花"。对20世纪80年代新的"四朵金花"，侯祥麟同样倾注了大量心血，积极支持指导，最终都开发成功。

三、石化史册上重大决策后面都有同一个名字

1978年，66岁的侯祥麟被任命为石油工业部副部长，分管科技工作。"做领导干部必须考虑前瞻性的问题。"侯祥麟曾回忆，"当年印象比较深的一项工作是在制定规划时，是否在地质勘探方面搞资源评价。当时个别领导认为这样远离生产，影响工作。后来经我一再催促文件才终于下发……现在大家对资源评价都非常重视了。"他感叹道："实行科学管理，起步是不容易的。"

"下围棋当中，你搁个子儿，好像没什么用处，但后来就用上了，靠它赢了，这就是'闲棋'的作用。我们搞研究也是如此，有时做的事情，眼前不一定用得上，不能立即否定它。有的人看不出有什么用处，很不理解，不干了，当然也有人看得出将来会有用处的。做工作，既要有当前的考虑，也要有长远的打算，要做一些前瞻性的工作。如果认为你的工作有发展前途，就要坚持搞下去。"侯祥麟用他的远见卓识，一次次为新中国的石油工业和科技事业添砖加瓦。

翻开新中国石油化工发展的史册，几乎每一个重大决策背后都有侯祥麟的名字。20世纪80年代，我国原油产量已经超过1亿吨。但是由于部门分割管理，在开采、提炼和应用过程中都存在很大浪费。1981年，侯祥麟所在的研究团队向中央提出了《关于合理利用一亿吨原油的若干建议》，第一次提出要打破地区、部门、行业界限，对所有炼油厂和以石油为原料的化工厂实行统一领导、统一计划、统一经营、统一对外、统一劳动工资。这个建议直接促成1983年中国石油化工总公司的成立。侯祥麟早就提出建立产供销一条龙的服务体系，希望石化总公司、炼油厂自己建立加油站。他也曾经呼吁重视劳动生产率："劳动生产率增长速度不如工资增长速度，这是不行的……马克思列宁主义讲社会主义优越性不就是能够提高劳动生产率。"

"我提的意见，有些是滞后若干年才看到反应，或被采纳。"侯祥麟在回忆时反思说，"我提的意见为什么当时大多数没有反响呢？或许有两方面的原因。一是我对重要性没讲清楚，第二个原因是完成生产任务第一，如果眼下问题成堆，管都管不过来，谁还有精力过问长远的事情？"

1978年，全国政协五届一次会议在北京召开，侯祥麟作为政协委员出席了此次会议，并被选为常委。此后，侯祥麟连续当选为第六届、第七届政协常委，直到1993年换届时退出。"能够亲历国家重大问题的讨论、调研，我很幸运。"侯祥麟说，当政协委员、参与社会活动的日子，是他生命中一段宝贵的时光。

2008年12月8日，这位著名石油化工科学家、中国炼油技术奠基人之一，走完了96年的人生旅程。

国家最高科学技术奖获得者闵恩泽院士对侯祥麟心存感激："我是侯老的兵。侯老一生爱党、爱国、爱人民，他是战略科学家，高瞻远瞩。侯老一生无私奉献，一生勤奋执着，一生坚持创新，对人讲诚信，待人宽

"科技界的榜样"侯祥麟

厚。"与侯祥麟共事大半辈子的师昌绪院士同样对他充满敬意:"做人:严于律己、真诚待人;做事:认真负责、忠于职守;做学问:实事求是、勇于创新!"李大东院士则说:"侯老是那种被称为'民族脊梁'的人民科学家的典型代表。从航空煤油攻关,高精尖润滑油脂研制,到'五朵金花'开发,以及后来的'四朵金花'的自主创新,每当国家处在石油工业发展的关键时刻,侯老总是急国家之所急,想国家之所想,在侯老的人生字典里,'国'字最重,'国'字最大!"

★ 档案盘点 ★

何泽慧（1914—2011年），山西灵石人（生于江苏苏州），著名物理学家，有"中国的居里夫人"之誉。1936年毕业于清华大学物理系。历任中国科学院近代物理研究所研究员，中国科学院原子能研究所研究员，中国科学院高能物理研究所研究员、副所长等职。第五、六、七届全国政协委员，担任过空间科学学会常务理事等。中国科学院院士。

★ 卓越成就 ★

与合作者一起首先发现并研究了铀的三分裂和四分裂现象，这一发现被约里奥·居里认为是第二次世界大战后他的实验室的一个重要成就。在相当长的时期里全面负责领导中国科学院物理研究所（后为原子能研究所）中子物理研究室的工作，为开拓我国中子物理与裂变物理实验领域并配合核武器研制作出了重要贡献。领导创建了基本实验条件，并利用建立起来的实验条件，领导完成了一系列基础核数据的测量工作，推动宇宙线超高能物理和高能天体物理研究。

★ 人生语录 ★

科学上的创造性应当根本地表现为提出自己的问题并去解决它，而不只是跟在别人提出的问题后面。

何泽慧
"中国的居里夫人"的伟大与普通

★★★★★

  这位"很普通"的老太太,其科研成果广为人知:正负电子弹性碰撞现象的首次发现与研究、铀的三分裂和四分裂现象的发现与研究、原子核乳胶制备过程的研究、推动我国宇宙线超高能物理及高能天体物理研究……她的传奇人生开创了中国科学界众多的第一:中国第一位物理学女博士、中国科学院第一位女院士、中国第一代核物理学家。

  鲜为人知的是,这位走过了近一个世纪风雨历程的女物理学家曾经差点儿被拒在物理学之门外。"中国的居里夫人"是何泽慧的美誉,她的丈夫就是被称为"中国原子能之父"的"两弹一星功勋奖章"获得者钱三强。而何泽慧与钱三强美好的姻缘是从一封不到25字的短信开始的……

一、"不近人情"的院士学物理差点儿被拒

1997年8月17日,何泽慧在子女的陪伴下回山西灵石省亲、祭祖。她看过何氏故居后,当地领导拿出早已准备好的宣纸,请她题写。谁知,何泽慧很直率地讲:"不写!不写!"参观完两渡村的老街、楼院等,大家准备送老人回宾馆休息。这时,她却认真地记着"给家乡人写字"的事,欣然为当地的学校题了"两渡中学"四个大字。大家感觉眼前这位"不近人情"的院士,又是那样的平易近人。

何泽慧回家乡,在灵石县有关领导的陪同下参观了文化广场的"灵石"。听着工作人员的介绍,看着家乡的秀美山川,老人久久凝视、沉思……

何泽慧祖籍山西灵石两渡村,出生于江苏苏州。如今,"两渡何氏"与"夏门梁氏"、"蒜峪陈氏"、"精升王氏"并称为山西灵石县"四大家族"。

何泽慧的小学、中学时代是在振华女校(今江苏省苏州第十中学校)度过的。正是在这所"开明又开放"的学校里,何泽慧接受了当时最为先进的现代化教育,为以后的发展打下了良好的基础。苏州十中百年校庆时,时年92岁高龄的何泽慧欣然提笔写下了"爱国奋进"。其实,这四个字是她一辈子的精神写照。何泽慧在中学时代就曾参加救亡运动,还为抗日将士募捐,去医院看护伤员等。

1932年,何泽慧高中毕业,考入清华大学物理系——一个最直接的目的——物理和军工关系最为密切,练好本领护国,赶走侵略者;当然,

也是受学物理的表哥王守竞的影响，想读物理系。这一年清华大学物理系一共招收了28名学生，其中有10位是女生。但由于受到传统偏见的影响，教授们认为女生学物理难以学有所成，于是纷纷劝她们转系。

那时的清华大学物理系，名师云集，盛极一时。清华大学理学院第一任院长、物理学家叶企孙，早年获得美国芝加哥大学博士学位的物理学家吴有训等都在此任教。谈起当年险些被劝退的经历，直到白发苍苍的年纪，何泽慧依然愤愤不平："我上物理系，碰着一个老封建，谁呢？叶企孙。他说不要女生，咱们就造反了。为什么不要女生？那时候几百人考物理系，有几十个人考上，他女生都不要，我们就造反。"

何泽慧是坚决不转系的3名女生之一，毕业时拿到毕业论文的全班最高分，同班的钱三强也是90分的高分。

钱三强是一代国学大师钱玄同的次子，天性聪敏，勤奋好学。受家风影响，钱三强从小博览群书，兴趣广泛，待人接物彬彬有礼。在清华大学读书时，他与何泽慧就被物理系的同学称为"郎才女貌、天生一对"。

然而作为女性，何泽慧1936年自清华大学毕业找工作时，再次受到了挫折——男生可以去南京军工署，女生却没人管。就在何泽慧苦于找不到工作施展抱负时，她得到了一个消息：那时的山西省政府有一项规定，凡是毕业于国立大学的山西籍学生，山西省均资助3年共3000大洋的公费出国留学。何泽慧虽然出生在苏州，但祖籍是山西灵石。于是，她得到父亲在日本军校时的老同学阎锡山的帮助，在故乡获得了这笔资助，赴德国柏林高等工业学校学习弹道学——日后，她在答苏州十中学生问中说，自己倾情于物理学，要出国去学习弹道学，就是"因为日本人欺负我们，我想回来打日本"。

20世纪30年代，为了抗击日本帝国主义的侵略，中国与德国在军事上有一定的合作。出国前何泽慧从在南京军工署工作的同学王大珩那里得知，德国柏林高等工业学校技术物理系的系主任曾经在南京军工署当过顾问。1936年9月3日，何泽慧从北平动身，坐火车经莫斯科于9月15日到达柏林。到德国后，她直接找到技术物理系的这位系主任，然而那时柏林高等工业学校的技术物理系与德国的军事工业有着密切的关系，保密程度很高，一般不会接受外国人在那里学习。

何泽慧跑到德国吃了个闭门羹。该校技术物理系主任跟她见面，说："这个不大可能。因为我们技术物理系是个保密的系，是不可能吸收外国人的，更不可能吸收女性学这个弹道专业。"为此，何泽慧与这位系主任辩论了一番，说："你可以到我们中国来当我们军工署的顾问，帮我们打日本鬼子。我为了打日本鬼子，到这个地方来学习这个专业，你为什么不收我呢？"这位系主任哑口无言，也很同情中国遭到日本帝国主义的侵略，于是破例接受了何泽慧。

因此，何泽慧是该校第一个选修弹道学专业的外国人，也是第一个选修弹道学专业的女生。1939年，聪慧好学的何泽慧没有让老师失望，以《一种新的测量子弹飞行速度的方法》的论文获得博士学位。

二、一封短信成就"中国的居里夫妇"

第二次世界大战的战火正酣，在德国求学的何泽慧沉得住气，也耐得住寂寞。1940年，她进入柏林西门子工厂实验室参加研究工作，1943年，她又到德国海德堡威廉皇家学院核物理研究所从事原子核物理研究。1945年，她在导师指导下，从磁云室中发现了正电子和负电子间几乎全部能量交换的弹性碰撞现象，被英国《自然》杂志称为"科学珍闻"。

何泽慧在德国研究弹道时，钱三强被物理学家、北平物理研究所所长严济慈选中而考到法国巴黎大学居里实验室，跟随居里夫人学习镭学。博士毕业后的一次大学同学聚会中，何泽慧得知了这个消息。

1943年初，由居里夫妇推荐，钱三强成为法国科学中心研究员。每当傍晚，30岁的钱三强走出实验室，漫步在鹅卵石铺就的小路，浓浓的思乡情便向他袭来。想起祖国，想起亲人和同学，那个梳着两条长辫子的俊美姑娘何泽慧，便浮现在眼前。他摸出那张毕业照，在路灯下仔细端详。他企盼她能从照片中走出来，他要好好同她交谈。就在钱三强魂牵梦萦思念何泽慧的时刻，一封发自德国的信函飞到他的身边。浅蓝色的信笺上写着简短的话语，署名是他十分熟悉的字迹：何泽慧。这使钱三强激动万分。

由于战时限制，只能用25字以内的信件交流——信的大意是：问钱三强是否还在巴黎，如可能，代她向家中的父母写信报平安。

从此，两人恢复了联系。经过两年的通信，1945年，钱三强终于鼓起勇气，向远在德国的何泽慧发出了求婚信："我向你提出结婚的请求，如能同意，请回信，我将等你一同回国。"何泽慧回复："感谢你的爱情，我将对你永远忠诚。等我们见面后一同回国。"同样是短短的来信，胜过万语千言。钱三强如获至宝，欣喜若狂。

1946年，第二次世界大战结束后的第一个春

何泽慧和钱三强

天，何泽慧离开德国海德堡威廉皇家学院核物理研究所，来到战后面貌一新的世界花都巴黎，与钱三强正式结婚。

从这一天开始，何泽慧与钱三强的生活和事业都紧紧地结合在了一起。居里夫妇的祝福应验了，何泽慧顺利进入巴黎大学居里实验室，与钱三强成为同事。

1946年召开的一次国际学术会议上，钱三强在一位英国学者投影的原子核裂变一分为二的照片中发现，原子核裂变除一分为二之外，可能还存在其他的裂变方式。此后，他与何泽慧开始在居里实验室对原子核裂变做深入的研究。他们从核分裂时两头重、中间轻的现象出发，进行数万次观测，终于发现约300个核裂变中就有一个分裂为三块，这就是三分裂现象，这一成果和随后由何泽慧第一个发现的四分裂现象，被居里夫妇称作第二次世界大战后该实验室第一个最重要的成果。不少西方国家报刊刊登此事，并称赞"中国的居里夫妇发现了原子核新分裂法"。当年，法国科学院把亨利·德巴微物理学奖颁给两人。一时间，许多媒体称他们为"中国的居里夫妇"。

1948年夏，处于事业巅峰期的何泽慧与钱三强带着约里奥·居里夫妇的赠言"要为科学服务，科学要为人民服务"和年仅半岁的女儿经过1个月零8天的海上颠簸回到了祖国。

三、伟大而普通的科学伉俪

新中国成立初期，钱三强和何泽慧受命筹建中国科学院近代物理研究所。整个国家百废待兴，资金短缺，加上帝国主义国家对新中国的经济封锁，他们的筹建工作遇到了种种困难。当时，连最简单的实验仪器都没有，何泽慧和钱三强每人骑一辆自行车，在北京旧货店和废品收购站寻找可以利用的旧五金器材、旧电子元件。资质聪颖的何泽慧一丝不苟地绘制图纸，心灵手巧的钱三强动手制作。不久，两台简易的车床制造出来了。接着，他们便利用这两台车床制造出了急需的仪器设备。

到1955年，由钱三强担任所长的近代物理研究所已经初具规模——科研人员由最初的5人扩大到150人，新中国第一支核物理研究队伍形成了。他们自己设计并建成第一台、第二台静电加速器，并着手回旋加速器的设计。在何泽慧的具体指导下，我国第一台核物理探测器研制成功。

在筹建"两弹一星"团队时，人选名单里原本有何泽慧，却因为她是钱三强的家人，又是女性，最终与研究团队擦肩而过。何泽慧以自己的方式参与了"两弹一星"工程。氢弹研发时，一个重要的数据，便是何泽慧带人在实验室完成了验证。

在"文化大革命"中，何泽慧被当作"反动学术权威"，受到审查和批判，1969年冬，她和钱三强被下放到陕西合阳的"五七"干校，接受贫下中农的再教育。在干校，由于身体不好，何泽慧负责敲钟。不管处境如何，她都保持着一贯的坚韧和乐观，敲钟认真、准确，一秒不差。

"文化大革命"结束后，钱三强离开他一手创建的原子能研究所，回到中国科学院工作，何泽慧则被调到中国科学院高能物理研究所。

1992年6月28日，钱三强因心脏病逝世。钱三强病重时，医生嘱咐不能有过多的应酬。何泽慧索性搬了个小板凳，坐在病房门口拦着，说不管是谁来了都不让进。

钱三强去世后，家里的东西几乎没有变过——就连女儿买了新房子请何泽慧搬过去住也被拒绝了。家里面没有什么像样的家具，木地板上的漆都已磨掉。不论是卧室还是书房，何泽慧都尽可能地保持着钱三强生前的样子，也许这就是她纪念钱三强的最好方式。让何泽慧欣慰的是，1999年9月，中共中央、国务院、中央军委授予钱三强"两弹一星功勋奖章"。

"淡泊名利，没有架子，不求享受，严谨做事"，是许多下属、同事以及朋友对何泽慧的真切感受。老人的生活非常简朴，衣服上都是补丁，脚穿老式解放鞋，饿了就从食堂买几个包子、馒头带回去吃，渴了就喝点白开水，这是她当年许多同事的印象。

1978年8月，钱三强、何泽慧等在庐山植物园

半个世纪以来，何泽慧一直住在破旧的小楼里，家具也大多是20世纪50年代的旧物，唯一一件新家电是一台白色的吸氧机。除治学与探求真理之外，何泽慧对于物质生活毫无要求。她的女儿、北京大学化学系教授钱民协说："我妈这一辈子不讲吃、不讲穿、不讲住，从来不计较什么条件。她们那一代人，活得轰轰烈烈！或许她觉得自己是非常幸福的，从不认为自己有多大贡献，只是做了她应该做的。"

2011年6月20日，在女儿钱民协、儿子钱思进的陪伴下，何泽慧的心脏停止了跳动，走完了传奇的97年。

老人走了，但是对于很多人来说，她一直活着，活在大家心灵的深处……

★ 档案盘点 ★

王大珩（1915—2011年），江苏吴县（今苏州市吴中区）人（生于日本东京），著名应用光学专家、教育家，国家"两弹一星功勋奖章"获得者，中国光学奠基人、开拓者和组织领导者，国家高技术研究发展计划（"863计划"）主要倡导者，有"中国光学之父"之称。1936年毕业于清华大学物理系，1938年赴英国留学。历任大连大学教授、中国科学院仪器馆馆长、长春光机所所长、长春光学精密机械学院院长、中国科学院长春分院院长、哈尔滨科技大学校长、国防科委十五院副院长、中国科学院技术科学部主任、国防军工科学研究委员会副主任等职。中国科学院院士、中国工程院院士及国际宇航科学院院士。

★ 卓越成就 ★

对为了实现国防现代化而研制各种大型光学观测设备有突出贡献，对中国的光学事业及计量科学的发展起了重要作用。领导早期研制中国第一炉光学玻璃、第一台电子显微镜、第一台激光器，和王淦昌、陈芳允、杨嘉墀联名提出发展中国高技术的建议（"863计划"）。与王淦昌联名倡议，促成了激光核聚变重大装备的建设。提倡并组织学部委员主动为国家重大科技问题提供专题咨询，与其他学部委员倡议并促成中国工程院的成立。

★ 人生语录 ★

光阴流逝，岁月峥嵘七十。多少事，有志愿参驰，为祖国振兴。光学老又新，前程端似锦。搞这般专业很称心。

王大珩

中国光学奠基人的光阴与光华

★★★★★

  2011年7月21日，"两弹一星功勋奖章"获得者，中国光学奠基人、开拓者和组织领导者，"863计划"主要倡导者王大珩，因病在北京逝世，享年96岁。

  王大珩所走过的路，如同光一般，是一条波动的、曲折的乃至折射的光明之路，他的殚精竭虑给中国的光学事业带来曙光。

一、辉煌永远定格在光影里

如今，我们能从影视资料里看到发射第一颗原子弹时壮丽生动的蘑菇云，就得益于用王大珩等人研制的光学仪器拍摄的照片。那个时期，西方国家成立巴黎统筹委员会，对社会主义国家进行军事技术和仪器的封锁禁运。党中央根据当时的国际形势，决定自力更生、独立自主地发展原子弹、导弹技术。王大珩和他领导的长春光机所的研究重点转向国防光学技术及工程。1960年夏天，王大珩承担起研制一种具备跟踪功能的光学仪器的艰巨任务。

王大珩这个总工程师拉上人马拼上了。600多人经历5年半时间的呕心沥血，至1966年4月，一台重7吨、高3米、由1000多个机件组装起来的形如大炮的跟踪电影经纬仪耸立于光机所内。它的研制成功，开创了我国自行设计大型精密测量设备的历史。后来，王大珩才知道，在有关方面商议原子弹、导弹中的光学仪器设备由谁来承做时，是钱学森极力主张由长春光机所承担这一历史性的高尖端科技的研发使命。

第一颗原子弹爆炸的时刻，几台光学仪器从不同的角度把核爆炸的辐射强度、温度等不同的参数和动人心魄的画面记录在案，为后来的核研究提供了宝贵的参考资料。当光学仪器停止工作时，放松下来的王大珩从心底感到由衷地喜悦："我们终于拥有了核武器，掌握了核技术，再也不怕敌对势力的封锁了。"

1983年3月23日，时任美国总统里根发表谋划已久的防御计划演说，即著名的"星球大战计划"。一石激起千层浪，戈尔巴乔夫代表苏联

王大珩

发表了针锋相对的讲话。此后,以法国为首的欧洲17国出台了"尤里卡计划";日本拿出了"科学技术政策大纲";印度颁布了"新技术政策声明";南斯拉夫出笼了"联邦科技发展战略";韩国抛出了"国家长远发展之构想"……中国却没有反应。

　　底子薄、人口多的中国,当时的政策重心在经济建设方面。但科学家们从高技术的角度考虑,就再也坐不住了——美国一旦实施"星球大战计划",就会垄断更多的高新技术,那么,中国与世界的差距又会被拉大。时任中国科学院技术科学部主任王大珩的内心经常被一个问题侵扰——"中国怎么办？"他常这样默默地想,不时地自言自语——中国若不采取一些应对行动,将来会追悔莫及！在几次专家讨论会上,王大珩与陈芳允、杨嘉墀等院士指出要抓住目前的挑战和机遇,立足于长远打算,搞一些中长期科技项目,让中国的科技在赶超世界水平上迈出一大步。

　　1986年初春的一个晚上,王大珩和陈芳允商议联名给中央领导写信,将他们发展高技术的建议向中央领导反映。一向亲自书写讲话稿、建议报告、咨询报告等公文的王大珩，真正动笔写这份报告时，却千言万语不知从何说起，便找到潘厚任，请他代笔。潘厚任琢磨了几天，写了一部分稿子，又拿到王大珩家，请他接着往下写。王大珩在潘厚任的稿子后写几句，推敲一会儿，又写几句……几天后，初稿终于完成。后又请王淦昌、陈芳允、杨嘉墀等人进行商榷。

反复改了一个月，才算定稿，言辞恳切。他们依次签名，王大珩签在最前面。王大珩还执笔写了一封给中央领导的信，在信封上写了"邓小平同志收"。两天后，邓小平给他们的建议报告题下肯定的批示："这个建议十分重要……此事宜速作决断，不可拖延。"

1986年11月18日，中共中央、国务院出台《高技术研究发展计划纲要》，这就是著名的"863计划"。因为王大珩等人的报告和邓小平的批示都是在1986年3月，该计划被称为"863计划"。"863计划"实施后，带动大量高科技成果得以付诸产业化，也培养了大批能够独当一面的科研人员。

二、家庭的熏陶定下他人生的基调

中学读书时的一个春光明媚的下午，父亲忽然把在门外玩耍的王大珩叫到跟前说："你去端一碗水到我这儿来。"又嘱咐："你再去取一根筷子来。"喜爱游戏的王大珩知道父亲又要与他一起做游戏。父亲把筷子立于水碗中，提示他看筷子的形状。王大珩毫不含糊地回答"筷子是弯的"。父亲看了看儿子，把筷子从水中抽出来，向上举起说："你再看看，筷子是弯的还是直的？""是直的，是直的！"惊异之中，父亲告诉他："这叫折射，是一种光学现象。"晚年，王大珩还记得这情景，他说这是他最初所认识的光学现象。

父亲王应伟是天文学家和气象学家，辛亥革命后从日本回到祖国，先后在北京观象台和青岛观象台工作。他的科学精神及动手方面的能力对王大珩的影响是深刻的。可以说，父亲是引领他走上研究道路的第一人，似乎家庭浓厚的科学气氛就预示着他将会成为一个在理工科方面有成就的人。王大珩还只有三四岁的时候，一个苏州老乡送给他一盒积木玩具，他并未按图谱玩，而是自己做了创新的组装。父亲看在眼里喜在心头，说："这小家伙还挺会玩的。"

母亲周秀清受过良好的教育，很懂得儿童心理学。在王大珩小的时候，她经常唱一些轻快活泼的儿歌，轻轻地把王大珩搂抱在怀里，同时还有节奏地轻轻拍打。虽然王大珩听不懂母亲唱的是什么，但他总是很开心地听着，瞪大眼睛看着母亲翕动的双唇和慈祥的笑脸。日后，王大珩虽没有走上音乐家之路，但他保持着对音乐的爱好，他认为音乐对启迪智慧有无穷的力量。

稍大点儿，母亲便开始用中国的方块字诱导他对文字的兴趣。母亲的初衷只是想让儿子对汉字有个简单的感性认识，进而养成对文字的兴趣。事实上，教者无心，学者有心。王大珩竟可以将母亲教的汉字储存在脑子里。

学生时代，对王大珩最有影响的莫过于课余时间他能够经常凭借父亲的工作关系，去观象台看技术员们操作仪器进行观测。在当时，用来进行地磁、气象观测的仪器是非常灵敏的，一般人无法接触。但王大珩从小就对此如数家珍，在这种环境的熏陶下，他对科学仪器产生了浓厚兴趣，考大学时很自然地就选择了自己无比熟悉的物理专业，走上了科学之路。

在清华大学，王大珩如海绵吸水般贪婪地吸取科学知识。毕业后，叶

1935年,清华大学物理系部分师生于礼堂前合影(二排左起:彭桓武、钱三强、钱伟长、李鼎初、池钟瀛、秦馨菱、王大珩)

企孙教授将王大珩留在清华大学物理系任助教,专门负责大二中级物理实验。七七事变发生后,王大珩被迫离开了清华园。一次看报,他无意间看到一条英国"庚子赔款"公费留学生考试的消息。于是,他报名参试并通过留学资格考试,成了伦敦帝国理工学院物理系应用光学专业的留学生,从此注定与光学有了解不开的情缘。

三、攀登之中播下光华一路

1941年王大珩转入英国的谢菲尔德大学,在世界著名玻璃学家特纳的指导下专攻光学玻璃。完成博士论文后，王大珩受聘于伯明翰昌司玻璃公司。在昌司公司，他充分利用其先进技术和设备，潜心钻研，大胆创新，研制成功一种新型的 V—棱镜精密折射率测定装置，获得了英国仪器协会首届"包温氏奖"。

尽管在英国拥有优越的工作和生活条件，但王大珩还是于1948年迎着新中国黎明前的曙光回到了祖国的怀抱，在大连大学工学院创建了物理系并出任主任。1951年1月24日，经钱三强推荐，中国科学院决定，任命王大珩为仪器馆筹备委员会副主任，负责主持仪器馆的筹备工作。从此，王大珩开始了一生的追求——发展祖国的应用光学事业。

我国人造地球卫星上天以前，为了确保卫星飞上太空后能正常运行，要在地面进行太阳照射模拟试验。这就需要研制出一种被称为太阳模拟器的"人工小太阳"。研制这种模拟太阳的照射设备，难度绝不亚于其他技术。当时，他们设计出一个方案：用37个5千瓦的氙灯组拼起来。但这种组拼只要一个灯运行失常，试验就不能进行下去。王大珩得知蔡祖泉研制成功大功率氙灯的消息，立即改变了原来的设计思想，提出利用新的大功率氙灯技术，把氙灯数目减少到19个，终于建造了一个光照直径为4米的太阳模拟器，后来成功地应用于气象卫星的太阳模拟照射试验上。

那时，发展国防工业面临光学技术的挑战，越来越需要更多懂得光学技术专业知识的人才，而真正搞专业光学技术的人才较为紧缺。王大珩向聂荣臻建议借助长春光机所的技术力量创办长春光学精密机械学院，专门培养光学技术人才。学院成立后，王大珩担任首任院长。1979年，王大珩又出任哈尔滨科技大学校长。他为我国的教育事业倾注心血，培养出数以千计的理工科技人才，影响了几代人的成长。

时光流转，中国进入欣欣向荣的20世纪80年代。1981年，王大珩在中国科学院第四次学部委员大会上当选为技术科学部副主任，两年后又

王大珩（右一）、杨嘉墀（左一）等科学家对我国科技领域所取得的每一项进步都十分关注

当选为主任。职位的转换，带来王大珩思维视角的转变，他从谋技术的一局到谋技术的全局，思索的视野更开阔了，内容也更丰富深刻了。在其位必谋其职，王大珩的脑子天天在想这样或那样的科技问题，总想找到一个创新的突破口。但他到职后一段时间，却不见任何一位学部委员主动积极地向他提出提供科技咨询的建议，也没有哪位政府公务员主动要求科技咨询。他立即动员、号召学部委员们面向基层，主动发现问题，以便给政府营造一个形成科学决策的环境条件。这么一来，效果明显出来了，不仅在技术科学部形成了积极向上级提供咨询的良好氛围，咨询建议如潮水般涌来，还带动科学院的其他部门设立了科学咨询委员会，开始了各具特色的咨询活动。正如杨嘉墀所言："如何当好科技部主任，是从王大珩以后才真正明确的。"

在"远望"号科学考察船上进行光学测量,是一个高难度课题。谁都知道,光学测量必须有一个平稳的工作环境。而"远望"号在海上工作,船体在风浪中强烈摇摆,不可能有一个平稳的工作环境。为了攻下这个课题,王大珩和他的同事们多次出海进行光学设备的试验。他和"远望"号总设计师商量,把烟筒挪到了船尾,光学仪器放到了船的中心,为创造一个平稳工作的环境提供了条件。之后,王大珩带领大家进行了多方面的攻关,创造性地解决了世界远洋航天测量稳定跟踪、定位、标校和抗干扰等技术难题,为我国远程运载火箭试验、地球同步卫星的跟踪测量作出了卓越贡献。王大珩的这项成果获得了国家科学技术进步奖特等奖。

四、做学问重要,做人更重要

身为著名科学家的王大珩说,自己在年轻时并不是像人们想象的那样胸怀大志,并没立志要当什么大科学家。从小父亲就比较重视王大珩的数学,王大珩的中学数学都是跟父亲在家学的,而不是在学校里念的。后来考大学时,父亲说:"你还是去学工吧,将来好有饭吃,如果学理的话,将来弄得不好连饭都吃不上了。"而王大珩自己有学物理的兴趣,心想将来就算是做个穷教员也行——这样他就进了清华大学物理系。所以他坦言自己的读书动机很难谈得上有什么志气,而是显得多少有点随波逐流。

但是,后来王大珩经过在国外的一段工作经历,认识到自己做什么事情都应该有所创新,科学技术就是创新。"创新是科学家的天职,还要艰苦奋斗、自力更生,另外,科学家还应献身、求实、协作。协作精神也是从事科学研究的人员非常重要的一个职业素质。现代科学很少是个人能推动的，没有奉献精神、受委屈精神，就无法与人协作。"

王大珩从未考虑过自己的价值："我做事情并不是要得个什么奖，要在科学上有什么地位，这不是我的志气，而最关键的，是我要在科学上起什么作用，做什么贡献。"一切以国家利益为最高准则，是王大珩民族意识的具体体现。他认为，对一个科学家来说，献身是必需的，不然就学别的学科；求实是科学的精神，不求实就不能称为科学家。"精神，很重要，必须把个人和社会的关系摆正。"

有一次，有个公司提出请王大珩和何泽慧、彭桓武去做顾问，说是除每月付给他们每人一笔顾问费之外，每年还可以享受一次旅游。王大珩想，当顾问虽说不必负太多的责任，但也不能稀里糊涂就答应。他就跑去认真了解这个公司的具体情况。经过了解，王大珩发现这个公司的业务与他们三人的专业根本就不对口。王大珩说，这怎么行？！人家说没关系。人家的意思很明确，并不指望这三个人做什么事情，要的只是他们头顶上这个著名科学家的名。王大珩一听是这样，当时就毫不迟疑地把这个顾问给辞掉了。王大珩不仅自己推却了这个顾问，还去找何泽慧和彭桓武，告诉他们，你们都不要去了，那个公司的业务与我们不对口。

王大珩说他们那一代人身上的"德"是被时代逼出来的，因为感受到国家存亡的巨大压力。如今不是那样的环境了，生活好了，吃苦少了，开放的社会环境容易让人往物质利益上使劲，陷入个人主义的窠臼。道德教育应针对这些问题展开。医学上讲预防医学，不是生了病才治，而是不让你生病。教育也有同样的意义。因此，道德教育要从幼儿园抓起。对下一代的道德教育不光是教育界，而是全社会的成员都随时要谨慎对待的事。他说，在下一代的教育上，大家都有责任。

★ 档案盘点 ★

彭桓武（1915—2007年），湖北麻城人（生于吉林长春），著名理论物理学家，中国理论物理学奠基人之一，国家"两弹一星功勋奖章"获得者。1935年毕业于清华大学物理系。曾任云南大学、清华大学、北京大学教授；历任中国科学院近代物理研究所副所长，二机部第九研究院副院长，中国科学院高能物理所副所长，中国科学院理论物理所所长。中国科学院院士、爱尔兰皇家科学院院士。

★ 卓越成就 ★

长期从事理论物理的基础与应用研究，先后在中国开展了关于原子核、钢锭快速加热工艺、反应堆理论和工程设计以及临界安全等多方面的研究。为中国原子能科学事业做了许多开创性的工作。为中国第一代原子弹和氢弹的研究和理论设计作出了重要贡献。

★ 人生语录 ★

回国不需要理由，不回国才需要理由。

彭桓武

大智若愚的"两弹元勋"

★★★★★

在中国的现代军事科学史上,"彭桓武"无疑是一个值得浓墨重彩书写的名字,与中国的核反应堆、原子弹、氢弹、核潜艇和基础物理紧紧连在一起。但是,许多中国人却并不熟知这位"两弹元勋",正如著名科学家钱三强生前多次感叹的:"彭桓武默默地做了许多重要工作,但很少有人知道。"

一、海归"守门人"不惑之年的情书却是缺点清单

在清华大学读研究生期间，曾有一位书香门第之女钟情彭桓武，两家的父辈是世交，双方亲朋都想促成这份姻缘。在那个兵荒马乱的年代，毕业即失业——彭桓武不敢奢盼爱情。他深知一旦成家，自己唯一的选择就是做中学教员，挣一份薪水养家糊口；而自己的志向却在博大精深的物理学世界。于是，他躲避情感的冲击，也是为了逃避战火，到云南大学任教。1938年9月，在周培源教授的鼓励下，他通过公费留学考试，以优异成绩留学英国爱丁堡大学理论物理系，师从量子力学奠基人之一马克斯·玻恩，后与波动力学创始人埃尔温·薛定谔一起做研究，在固体理论、介子物理和量子场论等前沿研究领域做了一系列开创性工作，先后获得哲学博士和科学博士学位。

20世纪40年代初，彭桓武与海特勒（W. Heitler）教授发展相互作用量子场论和量子跃迁理论，并应用到核碰撞产生介子的过程和宇宙线粒子物理的研究中。留学期间，彭桓武与哈密顿、海特勒一起发表关于介子理论的论文，发展了宇宙线介子理论，首次成功地解释了宇宙线的能量分布和空间分布。这个理论最终以哈密顿、海特勒、彭桓武三人姓氏缩写简称为HHP介子理论。1945—1947年，彭桓武担任都柏林高等研究院理论物理研究所助理教授。他与玻恩等合作进行场论方面的研究，共同获得爱丁堡皇家学会的麦克杜加尔—布列兹班奖。

由于在科学研究上的杰出工作，彭桓武33岁便当选为爱尔兰皇家科

学院院士，并受到几位顶尖物理学家的称赞。玻恩称赞他"天赋出众"，有"神秘的才干"；薛定谔在与爱因斯坦通信时发出"简直无法相信这个年轻人会学了这么多，懂得这么多，理解一切会这么快"的感慨；海特勒夸他是"同事中最有价值的一个"。

1947年底，彭桓武回国，精神饱满地投入新中国的物理教育事业，先后执教于云南大学、清华大学、北京大学。为理想而工作的他从不知疲倦，不知累和苦。曾有记者问彭桓武，当年在国外已大有成就，为什么还要回到千疮百孔的中国？他气愤地说："你这个问题的提法不对！你应该说为什么不回国。回国不需要理由，不回国才需要理由！学成归国是每一个海外学子应该做的，学成而不回国报效国家才需要说说为什么不回来！我是中国人，我有责任利用自己的所学之长来建设国家，使它强盛起来，不再受列强的欺负。"他还作诗言道："世乱驱人全气节，天殷嘱我重斯文。"

直至年近不惑，彭桓武也压根儿没考虑过解决自己的个人问题，但他的哥哥却始终牵挂着唯一的弟弟的终身大事。从大庆到北京与弟弟相会后，哥哥就动员所有在京的亲朋好友为弟弟牵线搭桥。终于，一位好友的夫人认识的一位姑娘想见见留洋博士长什么模样。于是，这位热心的大嫂决定先亲自去见一见这位喝过洋墨水的"海归"。

这位大嫂按照门牌号码找到彭桓武的宿舍，正好遇到一个人。只见他头戴一顶皮帽，一只帽耳朵朝下，另一只却朝上，手上提两只小塑料袋。大嫂只当他是这儿的守门人，便上前打听彭桓武的住处，那人说"跟我来吧"。大嫂被带进一间小屋后，才突然明白这个"守门人"就是留洋博士彭桓武，便不解地问彭桓武为什么不结婚。"结婚干吗？不过多一堆脏衣服、臭袜子。我一个人已经够忙的了，再加上一个人的，受不了，没用。"彭桓武这样回答。他心里只惦记着那些公式和计算，结婚成家还没有列入他的计划。大嫂回去后，劝那位想看看留洋博士什么样的姑娘："假如只看中他的地位和名利，那就到此为止。"

43岁那年的一天，彭桓武接到二姐口信，说让他去家里吃午饭。彭桓武匆匆穿了件衣服就去了。到了二姐家，彭桓武一眼就看到一位陌生的女同志端坐在桌前——高挑个儿，鹅蛋形的脸庞，水灵灵的大眼睛，整个人纯洁善良又恬静。一直倾心于事业而很少有机会与女同志接触的彭桓武顿时一脸窘相，连手都不知道该怎么放。

女同志走后，二姐告诉他："她叫刘秉娴，自幼失去双亲，16岁考入上海一所护士学校，后来又考医校读儿科，毕业后成了国务院机关幼儿园的保健大夫。她毫无责任心的大哥在大嫂病逝后，撇下三个年幼孩子另寻新欢。从此，刘秉娴便承担起抚养三个孩子的责任，等她将三个孩子都培养成人，她已36岁了。"

了解了刘秉娴的家世、经历后，彭桓武感慨颇多，但对两人的事能不能成心中没底。他便给刘秉娴写了一封信，毫不讳言自己的缺点、不足

彭桓武与刘秉娴

和弱点，总共列了二十几条。不久，刘秉娴回了信，信不长，但句句似甘泉，彭桓武捧着信不禁流下了泪水。从这一刻起，他已决心爱她一辈子。于是，便有了北京香山的第一次约会。香山，也成了彭桓武之后最喜欢去的一个地方。

婚期在12月初定了下来，本打算1959年元旦结婚，但彭桓武考虑到工作，打算提前结婚，把1958年最后一个星期天确定为结婚日。没有婚礼，没有喜宴，甚至新房里连张大红"喜"字也没有贴，一对恋人便成了正式夫妻。

第二年，他们的儿子彭征宇出生。生完孩子，刘秉娴患了甲状腺功能亢进症。彭桓武担心夫人病情加重，就劝她不要再生孩子。所以，彭征宇是他们唯一的爱情结晶。

1977年晚春，彭桓武发现夫人瘦得像变了一个人似的，性格暴躁，为了一点儿小事便激动不已。他赶紧带夫人上医院检查，结果发现夫人已到肺癌晚期。纵然彭桓武与朋友们寻遍了京城名医，仍然没能阻止癌细胞在夫人身上扩散。在生命最后的日子里，刘秉娴拒绝再去医院，她只想多陪陪丈夫和儿子。

1977年8月15日，刘秉娴的生命走到了尽头。也许是身心感应，在夫人离去的日子，彭桓武突然患了急性脑膜炎，昏迷了七天七夜，意识里只有夫人的身影和召唤。病愈回家后，物是人非。

1982年，儿子又像彭桓武当年一样远涉重洋求学异国。彭桓武就像当初父亲从长春送自己去京城求学一样，支持儿子为学业离开自己。他的耳边仿佛还响着夫人亲切的话语："你参加了制造原子弹、氢弹，这就足够了，足够我们骄傲一辈子的。有多少人能有这种荣誉呢——我和儿子有！"

二、大科学家生活与工作的反差大

彭桓武身上存在许多相互矛盾的东西，换种说法：在很多人眼中，彭桓武是个怪人。他一方面记性好，一方面忘性大。记性好表现在数学、物理学方面。原子弹、氢弹理论攻关时，他常在小黑板上推导出一长串公式，手里的粉笔从不打绊儿。甚至到80多岁，物理学上那些繁杂得吓人的公式，他都能毫厘不差地背出来，这令他的同事们惊叹。在日常生活中，他却是个忘性大的人。时常有这种情况出现：当别人兴致勃勃地讲起他不久前所做的事时，他像第一次听到一个与自己毫不相干的故事，显出同样的兴致勃勃和一脸的无知："真有这样的事？"他曾试图把忘性大的罪过归咎于62岁那年得的急性脑膜炎，可马上就有同事站出来替脑膜炎"喊冤"。

1950年5月19日，中国科学院近代物理研究所成立。彭桓武兼任近代物理研究所研究员、理论组组长，参加建所工作。1952年4月，彭桓武任中国科学院近代物理研究所副所长。副所长彭桓武常穿着一身留学时的旧西装，因为不修边幅，显得不土不洋。

为打破帝国主义的核垄断、核讹诈，1955年初，中央作出了发展核事业的战略决策。同年10月，彭桓武以特派实习生的身份赴苏联学习核反应堆理论。彭桓武回国后讲授核反应堆理论，同时为核工业部新招来的大量工程师补"核工原理"专业基础课，培养核科学技术人才。

1960年，中苏关系破裂，苏联专家撤走，我国核武器研制彻底走上自力更生的探索道路。为集中力量攻克原子弹理论和工程技术难关，1961

年初，全国抽调了一批杰出科学家和工程技术人员到北京第九研究所（中国工程物理研究院前身），后被公认为核武器研制"三根台柱"的彭桓武、王淦昌、郭永怀就是其中的杰出代表。钱三强通知彭桓武"中央决定调你去核武器研究所顶替苏联专家的工作"时，彭桓武说："国家需要我，我去。"

彭桓武作为主管理论部的副所长，组织领导并亲自参与理论研究，加速了原子弹、氢弹理论突破的进程。他大力倡导"粗估"法则，引导大家抓主要矛盾，化繁为简，缩短研究周期。这一法则成为当年理论部研究的重要手段之一，对突破原子弹原理的"九次计算"攻关，起到了重要作用，使原子弹设计工作得以全面展开。同时，他牵头负责中子点火技术委员会，开展平等民主的学术讨论，不论年龄资历身份，大家畅所欲言、集智攻关。

通过大量计算和系列理论研究，攻克一道道难关，我国终于掌握了

▎20世纪50年代，彭桓武（前排左三）与同事跟苏联专家在一起

原子弹爆炸过程的基本规律，于1963年完成了原子弹装置初步物理设计方案。彭桓武随即迅速组织力量向突破氢弹理论转移。在他的领导下，重视基础理论研究、发扬学术民主和协同攻关等原子弹突破的成功经验，也成为突破氢弹原理的利器。彭桓武指挥，邓稼先挂帅，周光召、于敏、黄祖洽分头带领科研人员进行多路探索，从氢弹原理、材料、结构等方面全面展开研究。

1972年11月，彭桓武调至中国科学院高能物理研究所任副所长。1978年6月，彭桓武任中国科学院理论物理研究所第一任所长，4年后彭桓武任理论物理研究所名誉所长。

三、淡泊名利，奖掖后学，一生低调

1995年，彭桓武荣获第二届"何梁何利基金科学与技术成就奖"，奖金为100万港币。一些亲戚朋友提出分割和借用，彭桓武回绝了："你们应该学会独立，而不是依赖……"朋友曾建议他到国外好好旅游一趟，他觉得太浪费了。同事建议他到国外把糖尿病、肾衰竭等老毛病好好治一治，他一算，这钱还不够。想来想去，这笔钱终于有了用武之地，设立个"彭桓武纪念赠款"——他用自己的方式奖励那些当年为祖国尖端科学事业作出贡献，而年纪大了退下来没有力量去竞争奖项的人。

作为我国最早的博士生导师之一的彭桓武，为更好发挥年富力强导师的作用而坚决把位子让给年轻人。他主动退居二线，热心支持帮助年轻导师指导博士生，为培养年青一代而辛勤地工作着。晚年，他从事生物凝聚态理论研究，把物理学和生命科学结合起来，开拓了中青年学者的研究路径。

中国科学院学部成立时，彭桓武被选聘为学部委员（院士）。他的学生周光召院士曾说："彭先生对院士这个称号是不太在意的，从他身上看不出当与不当院士的任何区别。在做学问上，他依然是谦虚谨慎，对问题仍然喜欢穷其根本；在生活上，仍然是朴素、简单，无欲无求。"

彭桓武是我国第一位在国外获得教授职称回国的理论物理学家。他领导并参加了我国核潜艇、原子弹、氢弹原理的理论研究和设计工作。他是我国核物理理论、中子物理理论以及核爆炸理论等各种理论的奠基人。他领导了中国科学院凝聚态物理组发展凝聚态物理和理论研究。同时，他为了加强我国固体和统计物理、原子和分子物理、加速器原理等，做了大量的组织和研究工作。

彭桓武曾获1982年度国家自然科学奖一等奖、1985年度2项国家科学技术进步奖特等奖、1995年度何梁何利基金科学与技术成就奖，并于1999年获国家"两弹一星功勋奖章"。彭桓武是第五届全国政协委员和第一、二、三届全国人大代表。政协委员换届前，他向酝酿下届委员会的领导小组提请下届不要选他，后又向上级写了辞呈。

晚年，彭桓武居住在中关村"院士楼"的单元房里，由于腿力渐弱，他很少出门。即使在家待着，他也绝不会让自己闲着，而是继续在科学王国里遨游，继续推导一些数学公式，希望解开自己当年留学英国时曾特别着迷的、科学上的不解之谜。他的住室看上去有些凌乱，到处可以发现写满了数学公式的稿纸。

2007年2月28日，彭桓武低调走完了他辉煌的一生。彭桓武去世后，遗体在北京医院接受病理解剖。他生前留下遗愿：丧仪从简，不举行任何纪念仪式；骨灰与夫人刘秉娴的骨灰合并，不存放在公墓，归返自然；将藏书赠给理论所图书馆，将电脑、打印机等归还理论所等，将"两弹一星功勋奖章"金质奖章赠给军事博物馆。

彭桓武曾在《送别钱三强》一诗中写道:"科学为人民服务,核能促世界和平。忠心遵照党领导,服务竭诚终此生。"这首诗同样适合他自己,可以诠释他作为一名纯粹的科学家践行强国梦的心愿和行动。

★ 档案盘点 ★

叶笃正（1916—2013年），安徽安庆人（生于天津），著名气象学家，中国大气物理学创始人，全球气候变化研究的开拓者。1940年毕业于清华大学（当时为西南联合大学），1948年获美国芝加哥大学博士学位。历任中国科学院大气物理研究所所长、中国科学院副院长等职，出任过中国气象学会理事长、中国全球变化委员会主席、国际大地测量和地球物理学联合会中国委员会主席、国际地圈生物圈计划特别委员会委员、国际气象和大气物理学协会执行委员，当选过全国人大常委会委员。中国科学院院士、芬兰科学院外籍院士、美国气象学会和英国皇家气象学会荣誉会员。

★ 卓越成就 ★

早期从事大气环流和长波动力学研究，提出长波能量频散理论；20世纪50年代，提出青藏高原在夏季是热源的见解，由此开拓了大地形热力作用研究和青藏高原气象学；提出北半球大气环流季节性突变并引发一系列研究；20世纪60年代对大气风场和气压场的适应理论研究作出重要贡献；20世纪70年代后期，从事地—气关系和倡导全球气候变化研究并在国际上占有一席之地。

★ 人生语录 ★

我想做的事情实在太多，如果在离开这个世界的时候，能够完成大部分计划，人生将没有遗憾。

叶笃正

气象大家的大气象

★★★★★

2013年10月16日晚,有"气象诺贝尔奖"之誉的国际气象组织奖获得者叶笃正院士走了,享年97岁。

每天对应的气温增加八九摄氏度,也许就是100年内地球面临的状况。而发出这个警告的不是别人,正是中国大气物理研究先驱叶笃正。

一、中国人得回去给中国做事

1945年初，叶笃正被选送去美国留学。经过勤奋学习，1948年叶笃正在芝加哥大学研究生院获得博士学位，毕业后留校，师从世界著名气象和海洋学家C. G. 罗斯贝，做研究工作。他的勤奋和聪明才智深得师生赞赏，成为以罗斯贝为代表的"芝加哥学派"的主要成员之一。罗斯贝很喜欢这个性格文静的东方青年，很快请他主持了一个研究计划——研究夏威夷的气候。

叶笃正留美学习期间，在欧美多种著名杂志上发表了10多篇重要论文。他的博士论文《关于大气能量频散传播》受到各国气象学界的重视。在这篇著名论文里，叶笃正对影响天气发展的大槽和大脊的预报提供了科学的依据。这些成果，直到今天人们还在沿用，这篇论文也被誉为动力气象学的经典论文之一。

一天，美国气象局派人来找叶笃正，提出愿以优厚的待遇请他到华盛顿工作。不料，叶笃正一口拒绝了这个邀请，提出要回中国。当时，正值新中国成立之初，抗美援朝战争爆发之前，中美两国关系很紧张。因此，叶笃正的多次申请都遭拒绝。尽管如此，他依然归心似箭，四处奔走。

罗斯贝教授被叶笃正的爱国之情深深感动，他帮叶笃正弄到了瑞典使馆的签证，邀请叶笃正到瑞典待一段时间，再从瑞典回中国。正在这时，叶笃正听说有一条从美国出发的船要在中国香港靠岸，允许中国学者乘坐。于是，他连忙收拾行李，告别了罗斯贝教授。半个世纪后，年已耄耋的叶笃正还忘不了1950年8月27日这一天："这一天，我登上'威尔逊总统号'轮船，横渡太平洋，回到了祖国。"

30年后，叶笃正重返故地访问，他率领中国气象代表团再次踏上了美国的土地。一天，几位美国科学家朋友和他闲谈时，其中一位问出了30年前曾使自己困惑不解的问题："你离开美国，回到中国，很后悔吧？！""噢，不——不后悔！"叶笃正摇着头说，"当然，如果不回去，我个人的生活会优裕得多。可是，谁叫我是个中国人，我得回去给中国做事。""但是，你如果在美国继续工作下去，你的成就会比你在中国要大得多！""不，如果我不回去，我的成就肯定不如在中国大！""为什么呢？""当然啦，如果我留在美国，我个人取得的成就可能很大，我写的论文质量可能比较高。可是，我认为不应当这样看待成就。诸位都知道，中国的气象科学过去几乎是一张白纸，非常落后。"在座的美国科学家很感兴趣地倾听着，叶笃正用满含自豪的口吻说："我认为，如果一个人能把一个国家的气象科学提高到一定的水平，那么，这比他个人写多少论文所做的贡献都要大！"美国科学家听了，点点头，笑了。沉思片刻，叶笃正又说："我回去以后，和同事们建立了一个研究所。这个研究所的前身只是一个十三四个人的研究小组，只能做些一般的天气和气候研究。现在这个研究所几乎包括了大气科学的各个分支，它的水平可以和科学先进国家的研究相比，这不仅是对中国大气科学的贡献，我认为这对世界也是个重大贡献，难道不比我个人在美国写几百篇学术论文的贡献大得多吗？"这番充满炽热爱国思想的讲话，说得他的美国朋友们心服口服，为他的崇高人格所折服。

1991年，叶笃正被美国气象学会选为荣誉委员。这个学会自创办以来所有的荣誉会员不过40人，叶笃正是仅有的两位亚洲籍会员之一。美国气象学会在为他颁发证书时，对他的科学成就称赞不已。今天，我们翻开美国出版的《世界名人录》，也能找到叶笃正的名字。

二、结束"天有不测风云"的时代

在叶笃正回国之前,中国的现代气象科学几乎是一片空白。"早在 1500 年前的《淮南子》中就有关于二十四节气的记载,这在当时可谓了不起的发现,可是建国时中国的气象事业明显落后了,研究手段十分落后,真是百废待兴。"叶笃正感慨,当时的中国最需要懂得现代气象科学的人。回国后,叶笃正被任命为中国科学院地球物理研究所北京工作站主任,他满怀建设新中国的喜悦,早出晚归,到处奔走忙碌着。他从怎样看天气图教起,培养了一批又一批年轻的气象工作者。

不久,中国科学院的地球物理研究所和中央气象局共同建立了天气分析预报联合中心和气候资料联合中心,叶笃正参与了中心工作的领导。这两个中心随后发展为采用近代方法作天气预报的中央气象台和以近代方法整编气候资料的气候资料室。叶笃正教过的许多学生今天还记得他指着墙上挂的巨幅天气图,兴奋地告诉这些年轻的气象工作者说:"回国后我过得很充实,没有虚度光阴,中国的天气预报要在物理、数学的基础上建立起来。今后,'天有不测风云'的时代在我国该结束了。"

叶笃正在纷繁的工作中,教书、育人、创业,年复一年地着手建设中国的气象科学。仅几年时间,他就和其他同志一起把大气物理学的主要分支一一建立起来了。由他担任所长的大气物理研究所,从原来的十几个人只做一些天气和气候研究,发展到数百人、门类齐全的大型研究所。他关心和研究的课题是:影响中国的是什么天气系统?控制中国天气的环流是怎样发生发展的?

叶笃正与学生在一起

在研究中，他发现在青藏高原以南和以北有两股强西风向东吹，青藏高原好比一个巨大的屏障使它们的位置比较稳定，越往东走，两股气流的距离越近，最后合成一股，到了日本风力最强。他还用当时最先进的手段和分析方法研究了东亚大气环流的演变，认为东亚大气环流的演变不是以往人们认为的那样是渐变的，而是有个突变过程。

回国后的第七年，叶笃正把这些重大发现写进了《大气环流的若干基本问题》一书中，并写了一些论文寄给罗斯贝教授主办的《瑞典气象》杂志发表。许多外国气象学家看了都很惊讶，想不到中国气象专家能在很短的时间内把东亚大气环流的许多基本问题摸清。

20世纪40年代以前，气象学家普遍认为，大气的环流主要是气压分布不均匀产生运动的结果，气压场在其中起了主要作用；1940年左右，罗斯贝教授提出，气压场不是主导，风场是主导，不少实验也证明了这一理论的正确性。

"真理只能有一个，到底是古老的想法对，还是老师的理论对？"叶笃正经过反复研究后发现，古老的想法对，老师的理论也对——若以数千公里以上的环流为对象，则古典理论正确；若以千余公里环流为对象，则老师的理论正确。由于研究对象一大一小，从而得出完全不同的结论。叶笃正的发现，解决了国际气象学界长期以来争议不休的一个重要问题，得到学术界的一致好评。

"八五"期间，叶笃正作为气象学界首席代表，担负起国家重点科研项目——"我国未来20—50年生存环境变化趋势的预测研究"。1987年，国际科学联盟理事会任命他为国际地圈生物圈计划特别委员会委员。在这之后，他广泛参与了这个组织科学计划的制订与讨论，以及该计划在中国的组织和领导工作，使中国在全球气候和环境变化的研究方面占有较高地位。

"把国外（先进）的东西引进来，然后在这个基础上发展，创造自己的东西，同时把中国气象科学推到世界上去。"几十年来，叶笃正为了使中国的大气科学与世界接轨并占领高峰做了大量的工作。他对世界气象科学的卓越贡献，使他蜚声海内外，在世界气象学界享有很高的声誉。

三、改学气象为圆"科学救国"梦

1916年，中国开始有了第一份气候记录。这一年，叶笃正在天津降生。

1935年，叶笃正从天津南开中学毕业后，以优异的成绩考入清华大学。那是民族危亡、兵荒马乱的年代，"华北之大，已经安放不得一张平静的书桌了"。叶笃正积极参加了"反对内战，一致抗日"的北平一二·九运动。后来，他几经周折回到学校，那是由清华大学、北京大学和南开大学南迁昆明后成立的西南联合大学。班上的同学讨论怎样才能救中国,叶笃正主张走"科学救国"之路。叶笃正的中学和大学时期一直处于战火纷飞的动荡年代,但这个时期恰是他人生观形成的最关键的阶段。他考进清华大学一心想学物理,后来改学气象,这个改变是他与钱三强的一次偶然谈话后形成的。

那一天,叶笃正和钱三强一起打乒乓球。这时,还是理学院一年级学生的叶笃正对马上就要从物理系毕业的钱三强说:"念完了一年级,我想念物理,你觉得怎么样?"钱三强兄长般地坦诚地说:"你不要念物理,还是搞点实用的学问吧!"接着,他又说:"我看你还是学气象比较好,中国的气象科学太落后了。现在,中国最需要的是实实在在的学问。"

叶笃正听了学长钱三强的这一番话,觉得很在理。他知道研究气象没有扎实的物理和数学知识不行,从此读书更为认真。大学一毕业,他便考进浙江大学研究生院,成了气象学家涂长望和物理学家王淦昌教授的研究生,专攻大气学。两年后,通过论文答辩,经竺可桢介绍,叶笃正进入中央研究院气象研究所工作。不久,他经考试被选送留学美国。

四、破解全球气候变化之谜

英美两国气象学家通过系统科学考察曾宣布:1976年以来,全球气温以平均每10年0.2摄氏度的速度升高,全球正加速变暖,导致这一现象的主因是无序的人类活动。然而,瑞士日内瓦大学地质学院教授埃里克·达沃也提出一个观点,恰好与此对立:是自然界周期性的变化而不是人类活动对全球气候起主导作用,温室效应不会使地球越来越热。相反,从气象史的大循环看,地球会加速向"冷却"的方向演变。

权威专家对同一现象得出相反的结论,究竟哪个结论更为合理?作为我国大气科学动力气象学的奠基人之一、我国全球气候变化研究的开拓者叶笃正这样认为:"如果不将由人类活动而产生的温室气体等问题考虑在内,我们将无法准确和全面解释全球气候异常变暖这一现象。分析自然界本身的变化对全球气候的影响要进行辩证思维。就地球存在的漫长历程而言,相对于自然界的变化,人类活动对全球气候的影响可能较小,但从人类社会发展史来看,人类活动确实直接影响了全球气候的变化,这一点在工业革命之后尤其明显。"

叶笃正认为,人类活动已经给气象条件带来了不可逆转的影响,尤其是近100年,人类工业的发展是以破坏生存环境为代价的。他所推崇的有序人类活动是以可持续发展为目标和判断指标的,同时也提供可持续发展的方法理论和实际措施。叶笃正作为一名老科学家,经历了中国从忽视到重视气象事业的全过程,"20世纪50年代到70年代做得非常糟糕,现在大家都开始关注气象了"。他说:"要延缓这个破坏的进程,首先要注意排放,要想办法,不能愿意排多少就排多少;其次要保护,不过,保护并不代表要退回到茹毛饮血的时代。""关键是我们怎么做!"

叶笃正在人们沉浸在经济高速发展的喜悦中时,却怀着一份深深的忧虑。他提出的全球气候变化、土地利用诱发的全球变化等课题,成为国际地圈生物圈计划的核心研究内容。

五、大科学家爱从武侠小说中找灵感

叶笃正从小就喜欢运动，打乒乓球，溜冰，探险；到了晚年，散步成了他每天的锻炼项目。"我走得快，她走得慢，我们俩很少能在一块儿散步。"老伴儿冯慧是和他乘同一艘船从美国回来的，相濡以沫半个多世纪，从来没有分开过。晚年，叶笃正的视力下降得很快，每天靠老伴儿读报来了解外面的信息。这也使他放弃了多年以来看武侠小说的习惯。

让人想不到的是，这位大科学家也是个"金庸迷"，并认定"看武侠小说跟工作有关系"。"看这些，我可以松懈一下脑筋，这是第一，这个不管它。我特别特别欣赏武侠小说里头有一个，你看见这个人，一个很好的

叶笃正与冯慧

侠士怎么怎么样，他已经是死定了，他忽然一下子出来了，是绝处逢生。这个东西对我很有启发，就是说你做研究工作，想了半天不行了，不行了，忽然一下子出来了，这个绝处逢生。"

随身带个小本儿，是叶笃正保持了几十年的习惯。他说，只有这样，才能使自己永远处于思考的状态。有时，他会半夜起来记下自己想到的问题，偶然闪现的灵感火花，往往是一些重大研究项目的线索。

叶笃正年过九旬依然好学不倦，他曾说，现代各门科学不是截然分开的，我研究的是大气物理，也需要了解生物学、化学、技术科学等方面的东西，特别是这些领域最新的进展。他认为，要从气候变化的科学和可持续发展两个角度来审视气候变化这一国际上的热点和焦点问题，要促进世界上高水平的大气与海洋学家、数学家、物理学家交换科学思想，以共同寻找解决世界性科学难题的方法，为减缓全球气候变化作出积极的贡献。

2010年5月，经国际天文学联合会小天体命名委员会批准，中国科学院国家天文台施密特CCD小行星项目组发现的、国际永久编号为27895号的小行星被永久命名为"叶笃正星"。

晚年，叶笃正还曾给中国科学院领导写了一封信，建议成立一个全球变化开放实验室，他希望能有一些固定的人员、充足的经费，把全球变化这个关系到人类未来命运的研究持之以恒地做下去。叶笃正生前曾说，把自己想到的问题都做好了，这样的人生才没有遗憾。

没有遗憾的叶笃正走了，留下了丰厚的科学遗产和光辉的人格魅力。抬头仰望，天上有颗"叶笃正星"，闪耀依然……

★ 档案盘点 ★

吴征镒（1916—2013年），江苏扬州人（生于江西九江），国际著名植物学家，人称中国植物"活词典"。1937年毕业于清华大学生物系，1940年入西南联合大学理科研究所攻读研究生。历任西南联大生物系助教，清华大学生物系讲师，北京市军管会高教处副处长，中国科学院（机关）党支部书记，中国科学院植物研究所研究员兼副所长，中国科学院昆明植物研究所所长，云南省科委副主任，中国科学院昆明分院院长，云南省科协主席等；第五届、六届、七届全国人大代表。中国科学院院士。

★ 卓越成就 ★

参加并领导中国植物资源考察，开展植物系统分类研究，是中国植物学家发现和命名植物最多的一位，改变了中国植物主要由外国学者命名的历史。系统全面地回答了中国现有植物的种类和分布问题，摸清了中国植物资源的基本家底。提出"被子植物八纲系统"的新观点。

★ 人生语录 ★

为学无他，争千秋勿争一日。

吴征镒

争千秋勿争一日

★★★★★

  2008年1月8日上午10时，北京人民大会堂，2007年度国家科学技术奖励大会。万众瞩目的2007年度国家最高科学技术奖"花"落两家，中国科学院院士、中国科学院昆明植物研究所名誉所长吴征镒和中国科学院院士、中国工程院院士、第三世界科学院院士、中国石化石油化工科学研究院高级顾问闵恩泽同获大奖。

  在中国植物学家中，吴征镒是发现和命名植物最多的一位。由吴征镒定名和参与定名的植物分类群就有1766个，涵盖94科334属，其中新属22个。以他为代表的三代中国植物分类学家改变了中国植物主要由外国人命名的历史。

一、一生都在为中国植物立传

吴征镒在世界科学界被称为中国植物的"活词典"。这种赞誉来自吴征镒对植物学研究的热爱和数十年的潜心积累。在中国科学院昆明植物研究所资料室的一角,放置着植物学家们常年积累的中国植物卡片,其中有3万多张是吴征镒1938年到1948年这10年间制作的。拉丁学名、发表时间、文章名、发现者、标本号和模式标本照片……一张巴掌大的卡片上,吴征镒用自成一体的"蝇头小楷"工整地、详细地记录着各个植物的资料。那期间,吴征镒曾在西南联大生物系任教,他在茅草房里创建了一间用破木箱和洋油桶建成的植物标本室,这个极为简陋的标本室竟然拥有两万多个标本。

新中国成立初期,吴征镒才30多岁,就已任中国科学院植物研究所研究员兼副所长。从事植物学研究的同时兼任行政职务,有时开会会间休息10分钟,他还要去标本室看标本。即使在"文化大革命"中受冲击等艰难困苦的情况下,吴征镒也没有放弃对植物的研究工作。那期间,吴征镒被剥夺了工作的权力,而在他被强迫去昆明郊区黑龙潭田间劳动的时候,白天他在锄地时记下看到的各种植物,晚上回到小屋后就赶紧悄悄写出来、归类。他就这样完成了9万字的《昆明黑龙潭地区田间杂草名录》。

共80卷126册的《中国植物志》是中国首部植被专著,全套著作共5000多万字,有9000余幅图版,记载了301科、3408属、31142种植物。可以说,该书为中国960万平方公里土地上的一草一木、一花一叶建立了"户口本儿",基本摸清了中国植物的家底。《中国植物志》编写工作于

1959 年启动，1997 年基本完成，2004 年全部书稿编辑完成出版，历时 45 年。吴征镒自 1959 年起就参与组织领导《中国植物志》的编写，自 1987 年起又担任了《中国植物志》的主编。吴征镒担任主编后，出版了 54 卷 82 册，其中记载了 166 科、2019 属、20197 种植物。其间，他花费大量时间到标本室根据标本审阅，并做了一些大科、难科，完成了全套著作三分之二以上的编辑、研究任务。

同时，吴征镒还积极推动了《中国植物志》的国际合作。1988 年，吴征镒代表《中国植物志》编委会与美国科学院院士雷文（Peter H. Raven）博士签订了《中国植物志》英文修订版 Flora of China 的合作协议，吴征镒任中方主编。Flora of China 的出版在国际植物界产生了重要影响，是中国植物学研究走向世界极为关键的一步，提高了中国植物学研究在国际上的水平和地位。

2006 年，90 岁高龄的吴征镒率领弟子着手整理研究我国清代著名的植物学专著《植物名实图考》及《植物名实图考长编》，开启了中国植物考据学研究的新篇。2007 年 1 月，91 岁高龄的吴征镒接受《中华大典》主编任继愈的委托，担任国家编纂的《中华大典·生物学典》的主编，并且兼任《植物分典》主编。此时，吴征镒的眼疾已经很严重了，家人反对他参与这项繁重的工作，但是他说："我不做，谁来做？"

二、"摔跤冠军"摔跤"摔"出中国新纪录

与很多科学研究一样，植物学研究离不开多种环境下的野外考察。世

界五大洲，吴征镒走过了除非洲以外的四大洲。吴征镒花甲之龄时还一次次到西藏、新疆等地考察，足迹留在了喜马拉雅山的雪峰和塔什库尔干的沙漠里。80岁高龄时，吴征镒还去中国台湾地区考察植物。

西双版纳是云南植物种类最多的地方，也是吴征镒学术考察最频繁的地方。每逢雨季，热带雨林的红土地一片泥泞，吴征镒在红泥巴路上不知摔了多少跤，全身糊满红泥。因此，大家送吴征镒"摔跤冠军"的雅号。对这个雅号，吴征镒满不在乎，笑着说："摔跤也好，有时摔跤还发现新种呢！"他的话里还有一个故事。有一次，吴征镒考察云南文山西畴的植物。在密林里，他跌了一跤坐到了地上。同行的同事都为他捏着一把汗，担心他跌伤了。吴征镒却不急于起来，左顾右盼，突然看见一株白色寄生植物，立刻拿在手上仔细察看，认出是锡杖兰。有了"重大发现"，吴征镒对大家说："唔，这里有个植物，是中国的新纪录。"

创新，是吴征镒科学研究的主线。他科学地划分了中国植物属和科的分布区类型并阐明了其历史来源，形成了独创性的区系地理研究方法和学术思想；吴征镒阐述了中国种子植物的组成和来龙去脉，提出中国植物区系的热带亲缘，完成中国植物区系区划和植被区划，为植物资源保护、农林区划和国土整治提供了科学依据；在对全球植物区系进行综合分析研究的基础上，吴征镒提出东亚应成为独立的植物区，即"东亚植物区"，修改了世界陆地植物分区系统。他为我国植物区系地理学的发展作出了创新贡献。他的学术生涯被认为是现代植物学在中国本土化和中国植物学走向世界的缩影。

1999年，吴征镒荣获号称"世界园艺诺贝尔奖"的日本花卉绿地博鉴会纪仿协会"考斯莫斯国际奖"，成为世界第七位、亚洲第二位、中国首位获得该奖的学者，受到国际社会的极大关注，为祖国争得了荣誉。

研究植物的最终目的是保护和利用植物资源。吴征镒是植物的"揭秘者"，也是植物资源的"开发者""保护神"。1956年，吴征镒便前瞻性、战略性地向国家提出建立自然保护区的倡议。1958年，他与寿振黄又具体提出在云南建立24个自然保护区的规划和方案，其规划和方案逐步得到落实，20世纪80年代云南第一个自然保护区——南滚河自然保护区建立。截至2006年底，全国共建立各种类型、不同级别的自然保护区2395个。自然保护区的建立，对于保护中国生物多样性具有重要意义。

新中国成立之初，吴征镒负责橡胶宜林地的考察，与几位专家一起解决了中国橡胶种植的一些关键技术难题，使国家急需的战略物资紧缺得到缓解。他提出的"植物有用物质形成与植物物种分布区及其形成历史相关联"的观点，推动了中国植物资源的寻找、开发利用以及引种驯化等工作。

1963年，吴征镒（中）与植物学家简焯坡（右）、昆虫学家朱弘复（左）等在北京

中草药是中华文明的瑰宝，吴征镒很早便涉足中草药研究领域，并提出中草药的保护利用。抗日战争时期，吴征镒在云南进行了大量的科考调查，于1945年完成了《滇南本草图谱》。"文化大革命"期间，被关在"牛棚"里的吴征镒偶然得到一本"赤脚医生"使用的中草药小册子，感到很高兴，就请朋友们帮他搜集这种小册子。那几年里，他一边在"牛棚"烧开水，一边摘抄小册子上的内容，凭着自己惊人的记忆力，把新中国的5000多种中药、草药，按低等向高等的演化次序编出了详细的目录，并把植物名称和中草药名称统一起来，在古代医书及植物学有关书籍的记载中进行考证。在考证中，他发现了很多名不见经传、已经失传的中草药植物。1983年至1988年，吴征镒组织了三个研究所的力量集体编著出版了《新华本草纲要》（上、中、下册），计2278页，含植物药（由菌藻至种子植物）约6000种。此专著为繁荣中华医学宝库，使中草药规范化、科学化并走向世界作出了卓越的贡献。

1999年8月，吴征镒怀着对中国生物科学发展的深谋远虑，给朱镕基总理写了一封信。他在信中建议："十分有必要尽快建立云南野生种质资源库，对其中有近期开发价值的野生种质资源进行遗传背景的分析研究，提取DNA进行分类保存，在此基础上进行合理开发。"该设想得到了中央领导的高度重视和学术界的普遍认同。2004年，中国西南野生生物种质资源库，被列入国家重大科学工程建设计划。2007年，中国西南野生生物种质资源库竣工并投入使用。该库的建立，使中国生物研究在世界占有一席之地，为中国的生物学研究打下坚实的基础，并对国民经济建设起到重大的推动作用。

三、家宅花园是他的第一位植物学"启蒙老师"

吴征镒出身于书香门第,百年间吴家以"两进士、四人杰"而被传为一段佳话。"两进士"为他的祖父辈吴引孙、吴筠孙两兄弟。"四人杰"便是吴征铸、吴征鉴、吴征铠、吴征镒四兄弟。

吴征镒从小在扬州长大,小时候的吴征镒常常一个人在家宅花园——芜园里玩。在他的心目中,芜园便是他的"娱乐园",千姿百态的花草树木让小小的吴征镒领略到大自然的神奇。

吴征镒8岁时才入家塾。那时的吴征镒喜欢去府里的藏书楼"测海楼"读书,尤其喜欢那里所藏的丰富的植物类图书,而他最爱读的书是清代植物学家吴其濬撰写的《植物名实图考》和牧野富太郎的《日本植物图鉴》。闲暇之余他便拿上那本《植物名实图考》,对着图谱去芜园里认识那些以前叫不上名字的花草,"看图识字"般在芜园中认识了几十种花草树木,并积累了上百份标本。吴征镒曾风趣地说:"我选植物学作为专业,我家的后花园'芜园'应该是我的第一位启蒙老师。"

1931年,吴征镒考入江苏省立扬州中学上高中。在扬州中学,吴征镒因对植物的痴迷而小有名气。春游踏青时,生物老师随手指向一株植物,吴征镒都能报出名称来。生物老师还专门在班里为吴征镒举办了植物展览,展出他以前所采集的标本。"这批标本约有100多种都由我参阅《植物名实图考》和《日本植物图鉴》写上中文名和学名,并由我二哥征鉴请其同事焦启源先生正式鉴定过,那时他们同在南京金陵大学生物系。"

吴征镒说，这件事对他幼稚的心灵自然很有影响，使他坚定了立志投考大学生物系，而不去报考当时热门的建筑、交通等专业。1933年，年仅17岁的吴征镒以全榜第13名的优异成绩考入清华大学生物系。

四、"老革命"的后半生落户"植物王国"

云南素来享有"植物王国""绿色皇冠"的美誉，而云南在生物界的声名鹊起与吴征镒等老一辈科学家的不懈努力是分不开的。吴征镒曾表示，他虽然出生、生长在扬州，但科研成果绝大部分是在云南完成的，"在云南人民的哺育、爱护、支持、帮助下，我才作出了一些微薄的贡献"。

吴征镒在清华大学生物系学习时，师从吴韫珍教授。他在大学的成绩也非常好。1937年毕业前，吴征镒参加了西北考察团，后因北京沦陷只好返回扬州。在家乡一所学校教了一天书，吴征镒就接到恩师吴韫珍的通知，要他到昆明新组建的西南联大任助教，教授生物学。在昆明，吴征镒平时主要是教书，带着学生到昆明附近的名胜寺庙采集标本。假期里，他随步行团把昆明四周都走遍了。吴征镒被红土高原的山山水水、丰富的植物种类和复杂多样的植被景观所吸引。通过多次实地考察，年轻的吴征镒在学识上有了长足的进步，也立下了立足云南、放眼中国甚至世界植物的宏图大愿。

1949年6月，吴征镒任北京市军管会高教处副处长。11月1日，中国科学院成立，钱崇澍、童第周、俞德浚、侯学煜……一位位科学家被吴征镒请出山，新中国的植物学研究逐步走上正轨。12月，吴征镒任中国

真正沉在下面做学问的吴征镒（右）

科学院（机关）党支部首任书记。1950年，吴征镒任中国科学院植物研究所研究员兼副所长。1955年当选为中国第一批学部委员（中国科学院院士）。在旁人眼里，具有老革命资历的吴征镒似乎可以走一条仕进之途，担任更重要的管理职务。可是，吴征镒一直对植物学研究情有独钟，去云南研究植物是他青年时期便立下的宏愿。1958年夏天，吴征镒偕夫人段金玉毅然带着刚7岁的儿子吴京和5岁多的女儿吴玉，乘小飞机到达云南，筹建中国科学院昆明植物所。

"为学无他，争千秋勿争一日。"这是吴征镒送给学生的一句话，也是他一生淡泊名利、严谨治学的写照。

晚年，即便眼疾严重，出任《中华大典·生物学典》主编的吴征镒仍坚持每天工作三个小时，几经努力，终于搭好了大典的基本框架。2012年春节前夕，他因身体不适入院，在病床上对来访学生说："很遗憾，工作只开了个头,我恐怕做不完了……"

2013年6月20日,这位中国植物的"活词典"在昆明病逝,享年97岁。

2011年12月10日,国际小行星中心将第175718号小行星永久命名为"吴征镒星"。"穷万里纵观原本山川探索时空变迁轨迹,立宏志深究极命草木创系统演化新理论。"吴征镒为中国和世界植物科学事业作出的卓越贡献,必将像天上的那颗"吴征镒星"一样,星光永恒,彪炳科学史册。

★ 档案盘点 ★

刘东生（1917—2008年），天津人（生于辽宁沈阳），著名古脊椎动物学家、第四纪地质学家、环境地质学家、高山和极地科学家，有"中国黄土序列的古环境研究之父"之称。1942年毕业于西南联合大学地质地理气象系，1945年起历任中央地质调查所技佐，地质部地质矿务局工程师，中国科学院地质研究所研究员，中国科学院贵阳地球化学研究所研究员，中国科学院地质研究所第四纪地质实验室研究员，西安黄土与第四纪地质实验室主任，《第四纪研究》《极地研究》《环境学报》等杂志主编。中国科学院院士、第三世界科学院院士、欧亚科学院院士。

★ 卓越成就 ★

毕生从事地球科学研究，平息170多年来的黄土成因之争，建立了250万年来最完整的陆相古气候记录，近60年从事地学研究，在中国的古脊椎动物学、第四纪地质学、环境科学和环境地质学、青藏高原与极地考察等科学研究领域，特别是黄土研究方面取得了大量的研究成果，创立了黄土学，带领中国第四纪研究和古全球变化研究领域跻身世界领先行列。

★ 人生语录 ★

对于科学工作者来说，每次新发现都是非常有意思的事，其中的乐趣难以形容。如果没有兴趣就不做了。

刘东生

"黄土之父"的"空白地带"

★★★★★

2002年4月12日下午，美国南加州大学报告厅，一位身材微瘦、身着黑色礼服的中国科学家步入领奖台，在接受世界环境科学最高奖"泰勒环境成就奖"奖牌的一刹那，整个会场爆发热烈的掌声。看见金灿灿的奖牌、听到震耳欲聋的掌声，他老泪纵横："70年来，中国的地质学研究成果终于登上国际舞台的制高点了。"

"泰勒环境成就奖"是世界环境科学领域的最高奖，有"环境科学的诺贝尔奖"之称。获此殊荣的首位中国大陆科学家，就是中国科学院院士、中国科学院地质与地球物理研究所研究员刘东生。他既穿梭在杳无人烟的地球"三极"，也穿越在另一个"黄土高原"——黄土研究领域的"空白地带"。

一、"环境科学诺贝尔奖"获奖者

"正如人类文明的兴衰更替为我们留下了浩如烟海的历史遗痕,自然界沧海桑田的环境变化也在地球上刻下了三本完整的历史大书:一本是完整保存古环境变化信息的深海沉积,一本是系统反映气候变化的极地冰川,而第三本书则是中国的黄土沉积。这三本书是我们认识地球上自然历史、气候、生物变迁的最佳文献档案。"2002年4月12日,2002年度"泰勒环境成就奖"的颁奖典礼上,评审委员会成员科恩教授用这样颇有诗意的语言,描述我国黄土沉积这一独特的地质现象,同时也肯定了以刘东生为代表的中国科学家在黄土研究方面所取得的卓越成绩。

20世纪70年代以来,世界各国的环境科学家动用大量人力、物力,研究过去数百万年中的气候变化,试图总结气候变化的规律和趋势。一般认为,古环境变化的信息在深海沉积物中保存得最好,极地冰层也能够系统反映气候变化,只是覆盖的年代跨度不如深海沉积物。而同人类生存空间联系最为密切的陆相沉积物,因其连续性差、易受风化等特性而长期不受重视。以刘东生为首的中国科学家,独具慧眼,选取中国黄土沉积物作为研究对象,取得了突破性成果——开拓了利用华中地区黄土沉积测量250万年来的地质气候变化的新方法,刘东生被认为是"中国黄土序列的古环境研究之父"。"黄土地是我们祖辈世代休养生息的地方,它是一个巨大的地质文献库,隐含着地球环境变化的各种信息;它像一把钥匙,能够解开无数的谜。"刘东生精神矍铄地谈起自己对黄土地的感情。

当印着泰勒夫妇头像的奖牌挂到刘东生院士的胸前时,会场上掌声如潮。这时,刘东生热泪盈眶:"70年来,中国的地质学研究成果终于登上国际舞台的制高点了。"

二、踏遍千沟万壑为求突破
　　黄土万岁之谜

新中国成立初期,刘东生和当时的地质学一起开始了转型。当时,我国的地质工作者加起来不足 150 人,同时由于我国地质科学从诞生之日起就偏重于古生物的研究,有点儿"悬空",为了满足当时现实的迫切需要,很多地质工作者响应国家的号召,参加了三门峡水库、龙羊峡水库的坝址及金、铜、镍矿的勘探工作。1954 年,刘东生第一次参加了对黄土高原的研究考察。就在这次考察中,时年 37 岁的刘东生第一次认识了几乎占据了他后半辈子整个生活的两件珍宝——一是他始终为之倾心的黄土,一是他的夫人胡长康。

这年夏天,一个由古生物学、地质学多位研究人员组成的综合考察小组来到了河南省会兴镇。当时的会兴镇便是如今的三门峡市。一天傍晚,一向干旱的会兴镇突然下了一场雨,空气格外清新,考察小组的很多成员都出去散步,刘东生也跟着他们走了出去。突然,刘东生发现不远处有一排排水平而整齐的灯光。对于一个黄土高坡上的小镇来说,应该不可能是楼房,但这样整齐的建筑又会是什么呢?这个问题让刘东生整整一夜辗转难眠。第二天刘东生起了个大早,顺着前一晚看见的方向找了过去。

原来,刘东生前一晚看见的一排排灯光是从当地老乡住的窑洞里发出来的。这里的窑洞跟城市里的楼房一样,有好几层。不同的是,这些窑洞的房顶都是一片红色的土和下层一片被老乡称为"料姜石"的石灰质结合层，科学名称为土壤层的淀积层，老乡们就利用淀积层的坚固性来做了窑洞的顶，相当于天然的天花板。但是，让刘东生感到奇怪的是，这样的淀积层水平延伸得很长，而且一层层和黄土、红色的土相间隔，三层窑洞都是以料姜石做天花板，黄土做墙，红色的土做地。这样的结构引起了原本研究古生物的刘东生的极大兴趣。于是，一回到驻地，刘东生便跑去请教土壤学家朱显谟。朱显谟告诉他，以前被杨钟健先生称为"红色的土"这部分其实也属于古土壤层。回去以后，刘东生便立刻展开了对黄土的研究，第二年便初步确定了我国的黄土有 250 万年的历史。

250 万年前，就在这片几乎寸草不生的黄土高原的位置上，是一片美丽的草原。然而，几乎是一夜之间，一场接一场类似现在沙尘暴的风沙天气把远至中亚、近到我国新疆的沙漠和戈壁上的细尘吹了过来。最初的时候，草原上的草还能拦住一些尘土，可是，这样的尘土一年年越积越厚，再加上持续的干旱、半干旱，到后来，有时候一场大的风沙甚至能把整头牛羊埋住。"设想一下，如果每次这样的天气会带来 0.01 毫米厚的尘土，每年 10 次便能积 0.1 毫米，10 年 1 毫米，100 年 1 厘米，1000 年 10 厘米，10000 年 1 米，到现在，黄土高原上最厚的地方已经深达 250 米，换一种说法，也就是说，我们现在所见的黄土高原已经存在了 250 万年，从地质上讲，我国的干旱史也有 250 万年了。如今，中国一代一代研究黄土的人还在读着黄土这本书，希望在解读这本天书的过程中，能够找到中国乃至全球环境、气候演变的历程和规律。"刘东生院士说。

20 世纪 50 年代中期，中国科学院有个重要的研究项目是黄河中游水土保持问题。刘东生设计了大面积网格状路线调查方案。这一方案一经提出，不少同志提出反对意见，认为人员力量有限，大面积网格状的路线调查在交通不便、财力困难的情况下，可能会历时长久而难以取得好的成果。他们认为沿西北—东南搞一条剖面调查就足以查明基本情况。大家针对两种意见争论不休。

当时,主管科研业务的是彭会,他虽不是学地质的,但经过深入调研、请教了很多专家后,认为刘东生的方案更能在理论与实践两方面取得成绩,便做工作说服了持不同意见的同志,很快统一了思想。刘东生回忆说,这是一次向黄土进军的誓师。就这样,凭着对科学工作的热情,依靠两条腿,各调查小组步行走完了每条路线。在黄土高原完成了东西与南北向行程上万里的10条大剖面,搜集了大量第一手资料,这是我国黄土研究走上世界舞台的第一台阶。

三、在茫茫黄土中苦寻造福人类的大处方

黄土是中国分布最广的第四纪沉积物,黄土高原是我国独有的黄土地貌景观。20世纪50年代,地学界对中国黄土的认识尚很肤浅,刘东生经过多年的野外调查,发现和研究了黄土中埋藏的哺乳动物化石,于1963年提出中国黄土层划分为午城黄土、离石黄土、马兰黄土,这一划分方案被广泛采用。

当时,对黄土成因有许多不同的观点,有风成说、湖成说、河成说、海成说,众说纷纭,莫衷一是。但这些假说都缺乏足够的证据,不解决成因问题,黄土研究便无法深入,甚至会走上歧途。刘东生对黄土成因并未急于下结论,而是进行大量实地调查,采集样品,进行各种实验分析。他研究了黄土的分布、颗粒组成及其空间变化,分析了黄土的化学成分、矿

物组成、物理性质，鉴定黄土中的动植物化石及孢粉化石。然后，他得出结论，认为黄土是风成的，它们是西北地区戈壁、沙漠中的细粒物质被风吹到黄土高原堆积而成的。他提出的黄土风成说是建立在大量实际资料基础上的，得到地学界大多数学者的认可。

"文化大革命"一度中断了刘东生的黄土研究，然而一个偶然的机会使他重新亲近了黄土地。中国的北方地区自20世纪30年代每年冬天都受到一种地方病，即"克山病"的侵袭，在陕西延安、绥德等贫困老区，发病尤为严重。"患者发高烧，吐黄水，有的人一天便死了，有人怀疑是霍乱病，有人认为是营养不好，有人猜测是细菌传染，有人担心是水土不服。经解剖发现，是心脏肌肉坏死。医学上当时还没有发现过这种病症，便以发现地黑龙江的克山县命名为'克山病'。"

1969年，还在"牛棚"的刘东生收到一封特殊的信函，说有一种"克

1996年9月，刘东生（中排左三）等在南开中学

山病"可能与黄土有关系,想特邀他这位"老黄土"配合参加调查。于是,黄土以这样的方式再次走进刘东生的视野,刘东生结合新技术、新方法对黄土进行了更加深入系统的研究。"据我了解,最早提出这病是'水土病因'的是西北大学地理系教授张宝生,他指出西北地区只要是平坦的地方就没这种病,有沟沟坎坎的地方便有这种病,我亲自调查过,的确是这样。"

在陕西调查水土时,他们每走到一个村子,先了解有几口井、村里人吃什么粮食,然后打水化验,把粮食也取样进行分析,连种粮食的土也要做化学检测。"化学分析主要是抓化学元素有没有缺乏的,根据地质学原理,河流是往下的,物质、元素便从上游带到下游,上游是缺乏的,下游是沉积、是富集。多的会中毒,少也会有缺乏症。"根据这个地质原理,他们调查地方的水、土、粮及人的头发,对一些病区与非病区进行了对比分析研究。"这种病有个特点,每隔十来年暴发一次,有周期性。我们在科考中发现从东北往西南发病区呈一条带状,黑龙江—吉林—内蒙古—陕北—四川—西藏,这个病分布有区域性。"刘东生说自己最高兴的是,黄土的基础研究不仅可以为黄土高原的可持续发展不断提供科学的依据,还可通过黄土的有关研究为治理地方病找病因,造福于民。有数千名中国人患这种能导致心力衰竭的心肌病,已困扰中国医学界几十年。刘东生的研究小组对发现克山病的起因起到了关键作用,他们发现该病的病因是当地水土缺乏某些微量元素,可以通过有针对性地补充硒和其他营养物治疗。最终,"克山病"逐渐绝迹了。根据国外科学发展趋势,刘东生倡导在我国开展环境地质学研究,他还领导了全国食管癌病因的综合考察与调查。由于多方面努力,一门新的学科——环境地质学很快在国内兴起。

我国汉代的一些书上有关于"雨土"的记载,说"雨土"下得厉害的时候一夜之间可以把卧倒的牛埋掉,这就是指沙尘暴。我国北方经历过无数次较大规模的扬尘及沙尘暴天气，人们对沙尘暴的危害有了切身的感受，这也引起科学家对沙尘暴研究的关注。刘东生说，只有科学地掌握了与沙尘暴有关的一系列规律，才有可能在防止沙尘暴或减缓沙尘暴的实践中获得预期的效果，当前开展对沙尘暴源区环境及运移规律的研究已迫在眉睫。

2004年2月20日，人民大会堂大礼堂里，灯火璀璨，鲜花锦簇，气氛隆重而热烈。国家领导人向获得2003年度国家最高科学技术奖的中国科学院院士、中国科学院地质与地球物理研究所研究员刘东生颁发奖励证书和500万元奖金，并同他热情握手，表示祝贺时，大礼堂内掌声雷动，经久不息……

刘东生获奖后和夫人胡长康合影

★ 档案盘点 ★

程开甲（1918—2018年），安徽徽州（今安徽绩溪）人（生于江苏吴江），著名物理学家、"两弹一星功勋奖章"获得者，中国核试验科学技术体系创建者和领路人。1941年毕业于浙江大学物理系。历任英国皇家化学工业研究所研究员，浙江大学物理系副教授，南京大学物理系教授、副主任，第二机械工业部第九研究所副所长，核武器研究院副院长，中国核试验基地研究所副所长、所长，核试验基地副司令员，国防科工委科技委常任委员、顾问等职；第三、四、五届全国人大代表，第六、七届全国政协委员。中国科学院院士。

★ 卓越成就 ★

在核武器的研制和试验中作出突出贡献。提出了普遍的热力学内耗理论，导出了狄拉克方程，提出并发展了超导电双带理论和凝聚态TFDC电子理论。率先开展系统的热力学内耗理论研究，首次建立了热力学的系统内耗理论。建立发展了中国核爆炸理论，系统阐明了大气层核爆炸和地下核爆炸过程的物理现象及其产生、发展规律，并在历次核试验中不断验证完善，成为中国核试验总体设计、安全论证、测试诊断和效应研究的重要依据。开创、规划领导了抗辐射加固技术新领域研究。

★ 人生语录 ★

只有创新才能获得真正的成功，只有创新的实践才能培养出真正有用的人才，才能实现梦想。过去是、现在是，永远都是不破的真理。

程开甲

为国铸盾献终生

★★★★★

1964年10月16日，西部戈壁上空升腾起巨大的蘑菇云，新中国自主研制的第一颗原子弹成功爆炸。这声东方巨响的背后是当时一大批科技工作者隐姓埋名、呕心沥血的坚守与奋斗，其中就有一个传奇的名字——程开甲。是他第一个计算出原子弹爆炸时弹心的温度和压力，是他攻克了原子弹起爆冲击聚焦设计的关键理论难题，并创立了我国自己的系统核爆炸及其效应理论。

1999年9月18日，中共中央、国务院、中央军委隆重召开表彰为研制"两弹一星"作出突出贡献的科技专家大会，23位科学家受到表彰。当一枚象征荣誉和成就的"两弹一星功勋奖章"挂在当年的"无名英雄""核司令"程开甲胸前时，全场爆发出经久不息的热烈掌声。

2014年1月10日，这位96岁高龄的科学巨匠登上了有"中国诺贝尔奖"之誉的国家最高科学技术奖的领奖台。

这是共和国的崇高褒奖，这是一名科技工作者的至高荣誉！

一、销声匿迹在"死亡之海"的岁月

1960年夏季的一天,南京大学教授程开甲接到命令去北京报到,却不清楚去干什么。直至来到第二机械工业部第九研究所(核武器研究所)接任副所长时方知被钱三强亲自"点将"参加我国核武器的研制。自此,叱咤学术界的程开甲"消失"了。

核试验是大规模、综合性、多学科交叉的科学试验,试验涉及多种学科及各种试验方法和测试手段,是一项非常复杂而艰难的研究任务。当时世界上仅有美、苏、英、法四国在极其保密的条件下进行过核试验,我国还是一片空白。原子弹研制初期,被任命为核武器研究所副所长的程开甲分管材料状态方程和爆轰物理研究。

1962年上半年,我国原子弹的研制工作闯过无数技术难关,露出了希望的曙光。中央适时作出争取在1964年、最迟在1965年上半年爆炸我国第一颗原子弹的"两年规划"。为加快进程,钱三强等二机部领导决定,另外组织队伍,进行核试验准备和技术攻关。经钱三强推荐,1962年夏,程开甲成为我国核试验技术总负责人。

程开甲曾回忆道:"说起罗布泊核试验场,人们都会联想到千古荒漠、死亡之海,提起当年艰苦创业的岁月,许多同志都会回忆起'搓板路'、住帐篷、喝苦水、战风沙。但对于我们科技人员来说,真正折磨人、考验人的却是工作上的难点和技术的难关。"

1962年,程开甲参与制定朱光亚主持起草的我国原子弹研制、试验等科学技术工作最早的一份纲领性文献——《第一种实验性产品的科学研究、设计、制造与试验工作计划纲要》，他依据国情否定了苏联专家的空投建议，提出采用地面方式；主持制定《关于第一种试验性产品国家试验的研究工作纲要》及《急需安排的研究课题》，设计了第一颗原子弹百米高铁塔爆炸方案，确定了核爆炸可靠控制和联合测定爆炸威力的方法。1963年，他前瞻性地谋划了核武器试验研究所的性质、任务、学科、队伍、机构等。

每次执行核试验任务，程开甲都会亲自到一线去。20世纪70年代，他多次进入地下核试验爆炸后现场，爬进测试廊道、测试间，甚至是最危险的爆心。一天，施工正在进行，程开甲来到现场。在坑道口，工程队简要汇报了施工情况，防化部队汇报了剂量监测情况。因为洞内极其恶劣的高温、高放射性和坍塌等危险，在场人员担心发生意外，极力劝阻他。程开甲说："你们听过'不入虎穴，焉得虎子'这句话吗？我只有到实地看了，心里才会踏实。"最后，程开甲不顾同志们的阻拦，穿上简陋的防护衣，毅然从主坑道进入，随后顶着昏暗的灯光钻进一条狭窄的通道，爬行十几米进入测试室。只见测试室里面到处是石英石熔炼成的黑色玻璃体和破碎石块，原来预置的一切都荡然无存。他一边详细地观察询问，一边嘱咐科技人员一定要把现场资料收集齐全，仔细观察记录每个现象。现场的同志们看到大科学家还到现场亲自调查研究，也受到极大的鼓舞。程开甲说，每次"深入虎穴"观察到地下核试验的许多现象，与只听汇报的感受大不相同。

1964年10月16日，伴随着一声惊天巨响，原子核裂变的巨大火球和蘑菇云升腾在戈壁荒漠上空，中国第一颗原子弹在罗布泊准时爆响。周恩来接到这个好消息后，在电话里问："你们能不能肯定这是核爆炸呢？"程开甲作出肯定的分析："根据压力测量仪记录的数据推算，爆炸当量约几百万吨TNT，普通爆炸不可能有这样的威力。"

难得的是，自动控制系统在原子弹爆炸瞬间启动 1700 多台（套）仪器，分秒不差地完成了起爆和全部测试。据有关资料记载，法国第一次核试验没拿到任何数据，美国、英国、苏联第一次核试验只拿到很少一部分数据，而我国首次核试验中 97% 的测试仪器记录数据完整、准确。

1966 年 12 月，首次氢弹原理性试验成功，程开甲提出塔基若干米半径范围地面用水泥加固，减少尘土卷入，效果很好。1967 年 6 月，第一颗空投氢弹试验成功，程开甲提出改变投弹飞机的飞行方向，保证了投弹飞机的安全。1969 年 9 月，首次平洞地下核试验成功，程开甲设计的回填堵塞方案确保了试验工程安全。1978 年 10 月，首次竖井地下核试验采用程开甲的方案获得成功……

程开甲在戈壁工作生活了 20 多年，历任核武器试验研究所副所长、所长，核试验基地副司令员，兼核武器研究所副所长等。20 多年中，作为我国核试验技术的总负责人，他成功地参与主持决策了包括我国第一颗

| 程开甲（左）与余瑞璜在一起

原子弹、氢弹、两弹结合以及地面、首次空投、首次地下平洞和首次竖井试验等在内的多种试验方式的 30 多次核试验。

20 多年中,他带领团队,建立发展了我国的核爆炸理论,系统阐明了大气层核爆炸和地下核爆炸过程的物理现象及其产生、发展规律,并在历次核试验中不断验证完善,成为我国核试验总体设计、安全论证、测试诊断和效应研究的重要依据。

1984 年,程开甲被调回北京,任国防科工委科学技术委员会常务委员,但仍关注着核试验的方方面面和研究所的发展,并开展了抗辐射加固技术的研究。

二、"核司令"的深厚底蕴源自名师名校的熏陶

1931 年,程开甲考入浙江嘉兴秀州中学。这所教会学校培养了包括陈省身、李政道在内的 10 位院士。在此程开甲接受了六年"中西合璧"的基础教育。

读初一的时候,程开甲还是成绩平平。读到初二,程开甲从图书馆里借来许多科学家的传记,他着迷地读着伽利略、牛顿、爱因斯坦、法拉第、居里夫人、巴斯德、詹天佑等科学家的传记。这些书开启了他心中的一道智慧之门,使他对科学家的人生充满了兴趣。那些重大的科学发明像磁铁一样吸引着他,使他渐渐萌发出长大要当科学家的理想。

为了锻炼记忆力,程开甲把圆周率背到了 60 多位,也能把乘方表和立方表倒背如流。他的数学成绩冒尖,英文也很流利,能阅读许多原版书,

得过全校英文背诵比赛和省演讲比赛的第一名。由于学习刻苦，他的成绩始终名列前茅。初中时期的他，不会想到有一天会投身国家的核试验事业，当时他稚嫩的梦想是造一艘水循环驱动的大船。中学老师姚广钧呵护他的想象，鼓励他再多动脑筋。姚广钧见他博闻强识，又十分发愤，很赞赏他，不时为他"开小灶"，指导他预读大学课程。程开甲日后跟同学回忆说："求学问和学做人，中学是关键时期，我有幸在一个比较完美的环境中成长。"

2000年，嘉兴秀州中学百年校庆。程开甲来到校园里，在自己的老校长、著名教育家顾惠人的铜像前三鞠躬。他感慨道："我一生事业的基础是在这里打下的，正是在这里开始懂得了爱国爱校爱科学。"

1937年，程开甲以优异成绩考取浙江大学物理系的"公费生"。在这所被英国著名学者李约瑟博士誉为"东方剑桥"的大学里，他接受了"中国雷达之父"束星北、"两弹一星功勋奖章"获得者王淦昌、"东方第一几何学家"苏步青、我国函数论研究的开拓者陈建功等大师严格的科学精神训练。在上大三时，程开甲听过陈建功教授的复变函数论课后，敢于挑战难题，撰写了《根据黎曼基本定理推导保角变换面积的极小值》的论文，得到陈建功和苏步青的赏识，并推荐给英国数学家蒂奇马什（Tischmash）教授发表，之后文章被苏联斯米尔诺夫的《高等数学教程》全文引用。王淦昌多次给学生讲发现中子的过程：约里奥·居里观察到一个实验现象，但他粗心臆断是γ射线碰撞粒子的径迹。后来，查德威克对这个现象认真研究了几个月，发现了中子，获得了诺贝尔奖。据此，王淦昌告诫说，科学研究最重要的就是紧跟前沿、抓住问题、扭住不放。

有一次，束星北给学生们出了一道考题："太阳吸引月亮的力比地球吸引月亮的力要大得多，为什么月亮跟着地球跑？"大多数同学目瞪口呆，不知道该怎样回答老师的考题。只有两位同学得了满分，其中一个就是程开甲，他用牛顿的力学原理回答了这个问题。束星北从此对他刮目相看，认准了这个学生日后定有作为。晚年，程开甲对恩师束星北这样评价："那个时代，像束星北这样集才华、天赋、激情于一身的教育学家、科学家，在中国科学界是罕见的，他的物理学修养和对其内涵理解的深度，国内也是少有的。束星北的物理学天赋是无人能及的，有极多的思想或念头在他那智力超常的大脑里，而那些思想与念头，如果抓牢了，琢磨透了，就极有可能结出轰动世界的果实。"

1997年，浙江大学百年校庆，年近80岁的程开甲来到母校做学术报告。教室里满是后学和晚辈，座无虚席。程开甲当年的近代物理课老师、已经90岁的著名核物理学家王淦昌从隔壁教室搬了把椅子，也坐在台下静静聆听。程开甲做完报告后，王淦昌站起来连声说："讲得好极了！"

程开甲在大学期间，多门功课成绩优异：英文、德文、哲学、力学、电磁学等课程都有八九十分甚至接近满分。

大学毕业后，程开甲留校边教学边搞科研。鲜为人知的是，1944年担任浙大助教时，程开甲写了一篇题为《弱相互作用需要205个质子质量的介子》的论文，王淦昌推荐给来浙江大学考察的英国学者李约瑟。李约瑟看了论文后亲自进行修改润色，并将论文带给物理学权威狄拉克。狄拉克回信说："目前基本粒子已太多，不再需要更多的新粒子，更不需要重介子。"于是，论文未发表。程开甲因此放弃了进一步研究。这也成为一件憾事，后来国外一位科学家做了类似的实验，获得了1979年度诺贝尔奖，其测得的新粒子质量与程开甲当年的计算值基本一致。年轻的程开甲与诺奖擦肩而过。

1946年，经李约瑟推荐，程开甲获得英国文化委员会奖学金，抱着"科学救国"的思想来到爱丁堡大学，成为被称为"物理学家中的物理学家"的玻恩教授的学生。玻恩一生共带过彭桓武、杨立铭、黄昆、程开甲这四位中国学生，他们都是中国科学院院士。

1947年，程开甲（后排左一）与导师玻恩（前排右一）等在一起

在玻恩那里，程开甲选择超导理论研究作为主攻方向。在导师的指导下，程开甲先后在英国的《自然》、法国的《物理与镭》和苏联的学术杂志上发表了五篇有分量的超导论文，并与导师玻恩共同提出超导的"双带模型"。这一理论的核心是："超导电性来源于导带之上的空带中，布里渊区角上出现电子不对称的奇异分布。"

1948年在爱丁堡大学获得哲学博士学位后，程开甲在英国皇家化学工业研究所当研究员，已有优越的工作环境和生活条件，学到了许多先进知识，结识了狄拉克、海特勒、薛定谔、谬勒、鲍威尔等科学巨匠。然而，他最终选择了回国。

1950年盛夏，程开甲婉谢导师和朋友的好意，购买了建设祖国所需的书，整理好行装，踏上了祖国的土地。

三、随和而严谨的科学大家

在第一次核试验中,立下大功的测量核爆炸冲击波的钟表式压力自计仪,是程开甲鼓励林俊德等几名大学生因陋就简研制的;同样,我国第一台强流脉冲电子束加速器的研制,也与程开甲大胆将这一高难度项目放心交给邱爱慈不无关系。后来,林俊德、邱爱慈都脱颖而出,成为中国工程院院士。对此,邱爱慈感慨道:"决策上项目,决策用我,两个决策,都需要勇气,程老就是这样一个有勇气、敢创新的人。"

"当时,为第一颗原子弹试验做准备时,国外全面封锁我们,我们可以说是面临所有的难题和仪器设备的问题要解决。我们一方面奋力攻关难题,一方面在上级的支持下,我们与全国全军的科研院所、学校、工厂开展了无私的大协作。在当年西直门招待所的基地研究所不断有协作单位来找我咨询和协调,正如当年科委二局胡若嘏局长所比喻的'各地场所轮番轰炸西直门'。同时基地和研究所的全体官兵和科研人员也在走出去学回来,解决一个个难题。"程开甲知道,核试验事业是一个尖端的事业,也是一个创新的事业,必须有人才。他创建的核武器试验研究所及其所在的核试验基地是我国核事业人才的摇篮之一,先后走出了10位院士、几十位技术将军,获得2000多项科技成果奖,许多成果填补了国家空白……张爱萍将军曾称赞"研究所是个小科学院"。

在生活上程开甲是个很随和的人,待人处事非常和蔼,平时温文尔雅,很有学者风度,但在工作上他又是个很严谨的人。接触久了,就会发现他思维敏捷、想象力丰富,有强烈的激情和坚定的信念,干工作格外认真，对技术上的细枝末节从不放过。他的时间观念很强，每次开会总是提前5分钟到。大家既尊重他又有些敬畏他。

有一次，程开甲设计了抗电磁波干扰的全屏蔽槽，遭到了许多人的反对，包括司令员。有人劝程开甲："人家是司令员，你不要和他争了，出了问题由他负责。"程开甲却坚定地说："我不管他是不是司令员，我只看讲不讲科学。这些数据是在实践中计算出来的，是科学的。要保证安全，就得按要求进行屏蔽。"最终，司令员还是按程开甲的意见办理，在以后的测试中也一直沿用程开甲的办法。程开甲提出的"全屏蔽"的问题，就是给所有的仪器和设备都穿上"盔甲"摆放，保证了所有测试仪器都能在屏蔽的情况下测到"干净"、准确的数据。

2017年，程开甲被中央军委授予"八一勋章"。2018年11月17日，100岁的程开甲走完最后的人生路。2019年，新中国成立70周年之际，这位"两弹一星功勋奖章"获得者被授予"人民科学家"国家荣誉称号。

虽然在参加核武器研究的20多年时间里隐姓埋名，没发表过论文，在学术界销声匿迹，但程开甲经常说，他这辈子最大的幸福，就是自己所做的一切，都和祖国紧紧地联系在一起。他把一生都献给了中国的核事业，献给了国家，正如中央电视台"感动中国"评委会给他的颁奖词所说："一片赤诚、一生奉献、一切都和祖国紧紧相连。黄沙百战穿金甲，甲光向日金鳞开！"

★ 档案盘点 ★

吴文俊（1919—2017年），浙江嘉兴人（生于上海），著名数学家，国家科委攀登项目"机器证明及其应用"专家委员会首席科学家，中国数学机械化研究的创始人。1940年毕业于交通大学数学系。历任中国科学院系统科学研究所副所长、名誉所长、研究员。获国家自然科学一等奖、第三世界科学院数学奖、陈嘉庚数理科学奖、香港求是科技基金会杰出科学家奖、国际厄布朗（Herbrand）自动推理杰出成就奖、首届国家最高科学技术奖等。中国科学院院士、第三世界科学院院士。

★ 卓越成就 ★

在拓扑学领域取得了一系列重大成果，其中最著名的是"吴示性类"与"吴示嵌类"的引入以及"吴公式"的建立。提出的用计算机证明几何定理的方法，国际上称为"吴方法"，遵循中国传统数学几何代数化与消去法的思想，与常用的基于逻辑的方法相比显现了无比的优越性，开创了用计算机高效自动解决数学问题的先河。建立的吴消元法是求解代数与微分方程组最完整的方法之一。

★ 人生语录 ★

我不想当社会活动家，我是数学家、科学家，我最重要的工作是科研。我欠的"债"，是科学上的"债"，也是对党和国家的"债"。

吴文俊

世界因他重新认识中国数学

★★★★★

  对于大部分人来说，吴文俊或许很陌生。但是，对于中国发展，对于中国数学，对于中国科技，对于中国走向复兴、走向强大，吴文俊却作出了不朽的贡献。

一、不言退休的"数学机械化之父"

2001年2月19日,在灯光璀璨、鲜花烂漫、万人聚集的人民大会堂里,中国"数学机械化之父"吴文俊接过"国家最高科学技术奖"证书,并获得500万元的高额奖金。

获奖,对数学大师吴文俊来说已是家常便饭。早在1956年,37岁的吴文俊获得的第一个大奖便是"国家自然科学一等奖",奖金为一万元人民币。当时的获奖者还有华罗庚、钱学森。获奖后的第二年,他成为当时最年轻的中国科学院学部委员(院士)。

吴文俊1919年5月出生于上海,1940年毕业于交通大学数学系。在他尚未踏入大学圣殿之前,数学成绩就一直很好,但他对数学并无偏爱。吴文俊说:"我的兴趣很杂。在大学二年级之前,最有兴趣的是物理课,我对物理始终有兴趣。但是到了二年级就差了,这跟抗战有关。我所在的那个学校从郊区搬到租界里面,那许多就杂乱无章了。这有影响,如果不是这样,那我可能后来对数学不会再有兴趣,这与客观原因有关。""真正感兴趣,准备当数学家,那是在大学三年级的时候。这跟老师有关,有一个老师讲的课特别吸引我,那就是我的武老师,改变了我对数学的看法,我就上了道。后来陈省身老师将我引上了拓扑学研究的正途。可是一直到现在我对物理的兴趣高于对数学的兴趣。"吴文俊如是说,且不免有些遗憾:"我现在不懂物理了,要不是我年纪大了,我还要学学物理。"谈起数学研究,他说:"搞数学当然是很艰苦的,要说我为什么永不放弃,主要还是因为自己毕竟爱数学,为了给中国的数学在世界上争口气。"

1946年，吴文俊赴法国斯特拉斯堡大学学习，先后在斯特拉斯堡、巴黎、法国科学研究中心进行数学研究。1949年吴文俊获博士学位，1951年吴文俊回国。谈到国外的这段学习经历，他深有感触："法国数学水平是全世界一流的，在老师和同学的熏陶下，体会与国内不一样，在学术上给我很大的影响。"

20世纪70年代，吴文俊为了解决几何定理机器证明和数学机械化问题，从头学习计算机语言，亲自在袖珍计算器和台式计算机上编制计算程序，尝尽在计算机上操作的辛苦。他的勤奋是惊人的，在利用HP-1000计算机进行研究的那段时间内，他的工作日程经常是这样安排的：清早，他来到机房外等候开门，进入机房之后便八九个小时不间断工作；下午5点左右，他步行回家吃饭，并利用这个时间抓紧整理分析计算结果；到傍晚7点左右，他又到机房工作，有时候在午夜之后才回家休息，清晨又回到机房。

二、"吴方法"打造数学机械化"吴家军"

吴文俊在数学研究领域走过了半个多世纪的漫长道路。"我本来根本没有想到我会跟计算机打交道。一直到'文化大革命'，要我到工厂学习，我到北京无线电一厂。这次学习对我来说非常有成果，因为无线电一厂当时转向制造计算机，我在那儿真正接触到计算机，我对计算机的效率大为惊奇，觉得这是一个非常重要的武器。这是一个机遇。另外一个机遇就是1974年学习中国数学史，我也得益于中国传统数学的学习。两者一对照，我觉得中国数学的思想和方法跟现在的计算机是合拍的，就促使我进行一些机器证明方面的尝试。"一同荣获国家最高科学技术奖的"杂交水稻之父"袁隆平认为："吴文俊机器证明的研究方法，是中国古代数学思想跟当代计算机技术的'远缘杂交'，如是'亲近杂交'想必是要退化的。"

吴文俊为拓扑学做了奠基性的工作，取得的成就闻名国际数学界。1976年，年近花甲的吴文俊毅然开始攀越数学生涯的第二座高峰——数学机械化。1977年，吴文俊关于平面几何定理的机械化证明首次取得成功，从此完全由中国人开拓的一条数学道路铺展在世人面前。这是国际自动推理界先驱性的工作，被称为"吴方法"。数十年间，吴文俊不仅建立了"吴公式""吴示性类""吴示嵌类""吴方法""吴中心"，更形成了"吴学派"。

20世纪80年代，美国计算机科学界的权威专家曾联名写信给我国领导人，认为吴先生的工作是"第一流的"。美国人工智能和自动推理方面的一些权威人士指出："吴的工作不仅奠定了自动推理研究的基础，而且给出了衡量其他推理方法的明确标准。""吴的工作改变了自动推理的面貌，是近几十年来自动推理领域最主要的进展。""他使中国的自动推理研究在国际上遥遥领先。"数学家李邦河分析说："必须是具备多方面的数学知识和善于创造性思维的人，才可能作出这一独特的发现。一是他对中国古代数学的深刻理解，中国古代数学是构造性的，可计算的，而只有构造性的数学才可能在计算机上实现；二是对初等几何的非一般可比的精通；三是熟悉代数几何，他面对的是多项式系统。"美、德、英、法、意、日等国都在致力于"吴方法"的研究和证明，并已在智能计算机、机器人学、控制论、工程设计等方面获得应用。

吴文俊一生桃李满天下。在吴文俊的主持下，我国已经形成了一支较完整的数学机械化研究队伍，并在机器证明、方程求解、实代数几何等方面取得了国际领先的成果，多次获得国际、国内重要奖励。

时任北京大学校长许智宏（右）与吴文俊交谈

三、"吴公式"主人的生活不"公式"

平日里，吴文俊的一个爱好就是看电影，不仅有手举纸钞苦候退票的"经历"，也有"泡"电影院误了末班车徒步回家的逸事。除电影之外，吴文俊的另一大爱好就是书籍。按他自己的说法是"随便乱买"，种类很多，绝大部分是中外文的数学资料，其余多与历史有关。

吴文俊绝不是一个沉闷的人，他不仅热爱自己的专业，更热爱丰富多彩的生活。然而，爱好广泛的他将自己的生活简化再简化。"我的业余爱好多，我现在对旅游很感兴趣，看报、看电视，我都喜欢。"

吴文俊的老伴儿陈丕和也是上海人，自1986年退休后就在家中全心

1978年，吴文俊全家福（前排左一为吴文俊，右一为陈丕和）

照顾吴文俊。她说："我们家生活很简单，普普通通，跟一般人家一样，不追求什么奢华。关键是快乐，我们俩身体都很好。"

谈及成功这个话题，吴文俊说："天才是人努力造成，我不相信天才，但相信灵感。我有种怪论，数学是给笨人干的，一些人干数学就不合适。"

如今，吴文俊走了，给我们留下了一座数学丰碑，这座数学丰碑屹立世界，熠熠生辉；他也留下了伟大的成就、伟大的人格、伟大的精神，激励更多的人。在浩瀚宇宙中，有一颗被命名为"吴文俊星"的小行星，这是对他科学贡献和科学精神的纪念和褒奖。斯人已去，但那颗璀璨的"吴文俊星"将时刻照耀和激励我们向科学的高峰奋进。

★ 档案盘点 ★

黄昆（1919—2005年），浙江嘉兴人（生于北京），著名物理学家与教育家，中国固体物理学先驱与中国半导体事业奠基人。1941年毕业于燕京大学物理系。历任英国爱丁堡大学物理系、利物浦大学理论物理系研究员，北京大学物理系教授，中国科学院半导体研究所所长、名誉所长等职，曾当选中国物理学会理事长与全国人大代表、全国政协常委。中国科学院院士，瑞典皇家科学院外籍院士，第三世界科学院院士。

★ 卓越成就 ★

对固体物理学作出了许多开拓性的重大贡献，从理论上预言了与晶格中杂质有关的X光漫散射，以后被称为"黄漫散射"。他的多声子跃迁理论，以"黄－里斯因子"而著称于世。提出关于描述晶体中光学位移、宏观电场与电极化三者关系的"黄方程"和由此引申的电磁波与晶格振动的耦合，即后来被称为极化激元的重要概念。对半导体超晶格的电子态和声子模开展了系统的富有成效的研究。

★ 人生语录 ★

科学家要善于解决问题，如果只是学习知识，不断提出问题，而不去解决所提问题，就失去了实际意义。

黄　昆

中国半导体事业奠基人

★★★★★

  黄昆在世界学术界赫赫有名，是真正的重量级科学家，然而国内普通民众绝大多数曾对他一无所知，直到他获得国家最高科学技术奖之后，民众才对他有所了解。

一、写出《圣经》般的牛津经典

1945年10月，黄昆到英国布里斯托大学做了莫特的博士研究生。曾于1977年获诺贝尔物理学奖的莫特当时已是国际上著名的理论物理学家，他对许多物理问题有很深的洞察力，善于透过错综复杂的表面现象去把握本质，倾向于用简单的物理模型方法解决问题而不主张借助复杂的数学推导。莫特对黄昆学术风格的形成起了决定性的作用，使黄昆"避免了在数学公式里绕圈子的这种弯路，并且懂得重视实践和理论的联系"。在两年的研究生学习期间，黄昆先后完成了三篇论文，对后来物理科学的发展都深有影响。其中，第一篇论文提出了杂质或缺陷引起的漫散射，即"黄漫散射"。

"现在想来，我在科学研究的方向选择上是非常幸运的。选择莫特做导师，也就选择了将固体物理作为自己的研究方向，这门学科当时才刚刚形成。""其实，早在西南联大时有一位英国教授给联大捐赠了一大批英国出版的科学书籍。我对这批书很感兴趣，引起我注意的是莫特先生的几本书，使我感到他的学识之渊博、研究领域之丰富。基于此，我到了布里斯托大学做了莫特的研究生。"

黄昆的一生和诺贝尔奖大师紧密相连，从英国布里斯托大学到爱丁堡大学，再到利物浦大学，从诺贝尔奖获得者莫特教授到玻恩教授，黄昆的第一个"黄金时代"到来了。物理学大师玻恩是量子力学的创始人，也是晶体原子运动系统理论的开创者。早在第二次世界大战期间，玻恩就打算从量子力学的一般原理出发，写一部关于晶格动力学的专著，但战后因忙于他事，且年事已高，此事一度搁置。1947年5月中旬，黄昆来到爱丁堡大学玻恩教授处做短期工作，工作中玻恩发现黄昆熟悉这门学科，且有深邃见解，便将完成用量子力学阐述晶格动力学理论的《晶格动力学理论》专著的重任交给了黄昆，同时交给他的还有玻恩的一些旧手稿……

"我觉得这是个发挥聪明才智的极好机会，乐于从命。"黄昆从1948年开始，在四年时间内不仅以严谨的论述和非常清晰的物理图像对这个固体物理学中的最基本领域进行了系统的总结，而且还以一系列创造性的工作发展和完善了这个领域。"写这样的书非同儿戏，有一段时间，我同玻恩教授为要不要在点阵动力学的系统推导之前加上基本导论性的三章发生了争论……后来，他让步表示同意我的想法。"谁也没想到，黄昆当初写进的内容在1960年发现激光以后，被实验一一证实。由此奠定了他在固体物理学领域的权威地位。诺贝尔奖获得者玻恩也不得不伸出了大拇指，他在给爱因斯坦的信中说："书稿内容现在已经完全超越了我的理论，我能懂得年轻的黄昆以我们两人的名义所写的东西，就很高兴了。"

这部书问世后，多次再版并一再重印，且被译成多国文字。1985年发行了第三版，此次出版在封底特意加了一段评价："玻恩和黄昆关于晶格动力学的主要著作已出版30年了。当年，本书代表了该主题的最终总结，现在，在许多方面该书仍是该主题的最终总结。"几十年来，这本书一直作为晶格振动及其相关效应如拉曼散射、瑞利散射、红外光谱、比热和弹性等理论的经典著作，成了几代科学家的入门指导书和必备参考书。1979年，英国剑桥大学科学委员会主席艾利奥特（R. J. Elliot）曾在一个报告会上说："我是在学习玻恩和黄昆合著的《晶格动力学理论》一书中受到教益和启发以后，才开始研究晶格动力学的。"将近半个世纪后，牛津大学出版社把它列入了"牛津经典物理著作丛书"，并有国外专家称"我把黄昆的书像《圣经》一样放在我的书桌上"。

之后，黄昆应英国利物浦大学理论物理系主任弗里德里希的聘请，任博士后研究员。这期间，除了潜心撰写《晶格动力学理论》，他在学术上有两项开创性的贡献，即著名的"黄方程"与"黄-里斯理论"。

二、如饥似渴吮吸物理学精华

1937年，黄昆经保送进入燕京大学物理系。"系里课程设置门类较少，内容也较浅，但我学习比较主动。当时国内量子力学尚被视为一门新鲜深奥的学问，在三四年级我便完全通过自学图书馆里仅有的几本有关书籍，初步掌握了量子力学的基础，为以后开始进入科学研究领域创造了有利的条件。"燕京大学求实、宽松、开放的环境熏陶了黄昆，使他养成了凡事独立思考、不盲目随从、自加压力的习惯。"上实验课，老师严格要求基本操作要正规化，并亲自演示。在这里，我接受了最初的科学实验的基本功和工作态度的训练，培养了我严肃、严格、严密的科学学风及自己实践的动手能力。"

因大学课程不重，各门学科成绩又名列前茅，每年都得到学校颁发的"司徒雷登奖学金"，黄昆有很多时间读书。他印象最深的有两本书——*Men of Mathematics*（《数学家》）与 *Microbe Hunters*（《探索微生物的人们》）。读了这两本书，黄昆觉得：科学家的事业，是再辉煌不过的，比什么都振奋人心。"这些科学家们对科学事业的追求和献身精神，对我震撼很大，影响着我的人生，使我对科学事业产生了兴趣和爱好。"

大学期间，黄昆有幸遇上了刚从剑桥大学毕业的英国教师赖普鲁教他的微积分课。赖普鲁不仅是一位讲课十分出色、课后谆谆教导的好老师，而且亲自组织尖子生成立了一个课外研究小组——研究内容包括这位老师自己也不懂而想学的新知识，如相对论、量子力学及矩阵数学。"虽然大家最终都没有学懂相对论，但我从中学到了矩阵代数的基本知识，对以后学电子力学很有用。"黄昆感念参与课外研究小组活动的日子，说这期间更重要的是，活动使他的思想超越了上课学知识的框架，开始感受到活的、生动的科学研究和发展，激发了自己对科学的强烈爱好和炽热追求之情。他自选的毕业论文《海森堡和薛定谔量子力学理论的等价性》得以独立完成，跟他积极参加课外研究小组的活动不无关系。1941年，黄昆出色完成了大学学业，并荣获燕京大学颁发的"金钥匙"最高荣誉奖励。

之后，黄昆考取西南联合大学理论物理系研究生，师从著名物理学家吴大猷。在这里，黄昆如饥似渴地吮吸着物理知识的精华，不但听许多物理系高年级课程，还选学数学系多门课程，感觉得益不少，大开眼界。在这里，学术讨论风气盛行，这使从小便酷爱争论的黄昆有了一个争辩的天地。正是通过学术讨论与课外无数次辩论，黄昆同杨振宁、张守廉等真正地认识了彼此，他们从此结下了长达半个多世纪的深厚友谊。

"一生于我影响最大的人是杨振宁，尽管那时相处的时间比较短，但对我影响很大。我跟杨振宁在西南联大的时候，是我生活最愉快、最高兴的日子，是生活最丰富的时期。"在科学界享有盛名的黄昆，晚年依然忘不了在西南联大的时光。那时的黄昆和杨振宁都二十出头，同住一屋，都喜欢纵论天下。有一次，为弄明白量子力学中"测量"的含义，他们从在茶馆喝茶的时候开始，持续讨论到晚上，一直到回宿舍还在进行，熄灯后争论没有结果，过了好久又起来点亮蜡烛，翻开权威资料来解决争论。数十年后，诺贝尔奖得主杨振宁对黄昆的认真仍然念念不忘："我一生中最重要的一年，不是在美国做研究，而是当时和黄昆同处一舍的日子。正是那些争论，使我找到科研的感觉。"

黄昆与杨振宁（右）合影

"杨振宁是我很好的朋友，我觉得他很有天赋，聪明过人，课堂上一些我认为非常艰深的理论，他很快就能轻松地掌握。在日常交往中，那些知识成了我们随时讨论的话题，交往中我受到了感染。"黄昆在言及科学家最需要什么样的素质时，认为光有兴趣不行，还得有一定的能力，需要一定的科学基础。

三、上台执教不是额外负担

1951年底，黄昆坐船取道香港，踏上了回国之路。他带回国的"大件"是一台打字机，这是为了完成《晶格动力学理论》书稿所必需的。踩在离别2000多个日夜的祖国国土上，黄昆第一次看到五星红旗在空中飘扬，心里有说不出的兴奋，立志把满腔热忱投入新中国的建设事业。

回到刚刚成立的新中国，他应约到北京大学物理系任教授。考虑到当时我国百废待兴，急需培养大批物理学人才，已享誉世界的青年科学家黄昆毅然暂时中断已从事多年的研究项目，全身心投入教学工作，开始自己长达26年的教坛生涯。"回国后，我全力以赴搞教学工作，是客观形势发展的需要，也并非我事业上的牺牲，因为搞教学工作并没影响我发挥聪明才智，而是从另一个方面长了才干，实现自我价值。"

重返燕园后，黄昆开讲的第一门课是物理系的"当家"课程——"普通物理"。虽然每周只讲六个学时，但他用于备课的时间要50到60小时，而且每讲一遍都重新认真备课——几乎是集中全部精力钻研教学内容，悉心探索最好的教学方法。在讲授"表面张力"这个概念时，他从分子间吸引力与排斥力有不同作用距离的物理图像出发，使学生得到了深刻而清晰的理解。他讲课生动而引人入胜，鞭辟入里，把事物和意义讲得十分透彻。

经过在英国多年的固体物理前沿领域的研究，黄昆当时属于国际上的领头科学家，他的水平无疑在国内固体物理领域首屈一指。为了满足祖国培养大量建设人才的需要，他率先提出在北大开设"固体物理"课程及"半导体物理"课程。经过多年的反复实践，专业物理课程从无到有，逐渐形成系统。从事"两弹一星"研究的许多科技人员都从这里走出，或者曾经聆听过他的授课。那时，无论国内国外都仅有专著，而无现成的教科书可供借鉴。黄昆亲自授课，并对教材质量十分重视。他一向认为对科学问题的讲解必须明确、具体，基本概念和理论阐述必须确切。他在多年改进讲义的基础上所著的《固体物理学》以及与谢希德教授合著的《半导体物理学》，都是在前无蓝本的情况下自己编著的教科书。这两部著作都以讲解透彻、精辟著称，在很长一段时间内成为我国理工专业学生和科研人员必读的著作。作为中国科学院第一批院士（当时称学部委员）当中最年轻的一个，他的著作真的可以说哺育了世界上几代科学家。

不唯书、不唯上、只唯实，这是黄昆的治学品格。他不喜欢翻阅文献资料，喜欢从"第一原理出发"，去探寻物理世界的奥秘。"我文献看得比较少，因为那样容易被人牵着鼻子走，变成书本的奴隶。自己创造的东西和接受别人的意见，对我来说，后者要困难得多。学别人的东西很难，而自己一旦抓住线索，知道怎么做，工作就会进展很顺利。"正是这种治学风格，使黄昆在学术上不断取得丰硕成果，一系列以他姓氏命名的理论就是例证。

令他感到欣慰的是，他亲自指导、培养的一批学生和助手已茁壮成长，活跃在固体物理学的科研和教学岗位上，挑起了大梁。其中甘子钊、秦国刚、夏建白等当选为中国科学院院士。黄昆不仅把深刻的物理思维传

▎黄昆（中）与同行交流

输给了后生,更把严谨的治学作风传承给了他们。真可谓:渡重洋迎朝晖心系祖国傲视功名富贵如草芥,攀高峰历磨难志兴华夏欣闻徒子徒孙尽栋梁。

四、不停行进的"黄昆星"

在利物浦大学担任 ICI(英国帝国化学工业公司)博士后研究员期间,黄昆先后发表了三篇在他一生中最有影响的论文。其中一项就是关于和他当时的研究助手艾夫·里斯合作拓展的多声子跃迁理论,以"黄-里斯因子"而著称于世。1950年,他们共同署名发表了《F中心的光吸收和非辐射跃迁理论》,得到国际同行的高度评价,被称为"黄-里斯理论"。他们二人智慧的共同结晶,是固体中杂质缺陷上的束缚电子态跃迁理论的奠基石。除了在固体物理学发展史上建树了一座座丰碑,黄昆和他的夫人艾夫·里斯之间的爱情与婚姻也是科学界的一段佳话,他们的爱情之树也因相互的了解和共同的追求开出了绚丽的花朵。

小黄昆7岁的里斯原是布里斯托大学物理系本科生,大学毕业后与他同时来到了利物浦大学理论物理系,里斯担任系主任弗里德里希的行政助理,并帮助黄昆进行理论计算。黄昆的聪敏与敬业深深地吸引了里斯,而里斯的学识、勤奋和温柔美丽也给黄昆留下深刻印象。共同的事业追求与爱好把两个不同国籍的青年人的心紧紧连在一起。

1952年4月,里斯克服重重阻力,远涉重洋追随着黄昆来到中国,先回国的黄昆特地赶到天津迎接她。不久,二人喜结良缘,相敬如宾,组成了一个令人羡慕的家庭。

谈起自己的个人业余兴趣与爱好，黄昆兴致高昂："如果说有什么兴趣，那就是散步，或者说是走路，还有爬山。在20世纪60年代，每个礼拜天我跟夫人、孩子去登妙峰山，后来年纪大了，体力差了一点，便到香山爬山。"晚年，身体已经大不如前的老人连香山也爬不上去了，只是每个周末随夫人到颐和园去爬"一个说不上山的山"。"坚持走路，是我业余的一个习惯，走路让我心情畅快无比。老年人嘛，应该多活动活动。"

工作一向异常勤奋的黄昆，年事已高时对研究工作有一种内在的紧迫感。晚年，他每天坚持到办公室坐上半天，不停地写、算、思考，仍坚持和年轻人交流探讨，甚至在家中，在节假日，他还经常伏案工作。某一年的春节，有位同事登门拜年，黄昆很高兴，客人进门不久，他便把自己在家中做的一些计算拿出来讨论……稀疏的银发，微微的驼背，无不显示出他的身体正在衰老。可是，永远不会衰老的是他那颗青春般执着的心及对科研不断进行创新的勇气！他还在工作着，他的心永远是年轻的！

除了诺贝尔奖，黄昆几乎得到了所能得到的一切荣誉。面对巨大的荣誉和奖励，黄昆是如此的低调："我是一个普通的科技工作者，没有什么神奇和惊人的地方。各方面给我荣誉不少，我不能位尊无功，俸高无劳。"

2005年7月6日，黄昆在北京病逝，享年86岁。2011年5月初，以黄昆的名字命名的小行星由中国科学院国家天文台施密特CCD小行星项目组发现并获得国际永久编号，经过国际天文学联合会批准而获正式命名。

如今，科学泰斗黄昆已离我们而去了，不过，苍穹中那颗不停地行进的"黄昆星"会永远闪烁……

★ 档案盘点 ★

谢家麟（1920—2016年），河北武清（今天津市武清区）人（生于黑龙江哈尔滨），国际著名加速器物理学家、高能物理学家，中国粒子加速器事业的开拓者和奠基人。1943年毕业于燕京大学物理系。历任中国科学院原子能研究所研究员、加速器研究部副主任、高能物理所副所长、"八七工程"加速器总设计师、北京正负电子对撞机总设计师和工程经理、粒子加速器学会理事长、高能物理学会副理事长、国家863高技术主题专家组顾问等。中国科学院院士。

★ 卓越成就 ★

奠基和开拓了新中国的高能粒子加速器事业，为中国高能粒子加速器从无到有并跻身世界科技前沿作出了杰出的贡献。带领团队研制成功我国第一台大科学装置——北京正负电子对撞机、亚洲第一台红外自由电子激光装置、我国第一台高能量电子直线加速器、世界第一台以高能量电子束治疗深度肿瘤的医用加速器和世界第一台紧凑型新型加速器样机。

★ 人生语录 ★

科研就是不断克服困难的过程，碰到什么困难解决什么困难，这是研究人员的本职工作。解决问题就是乐趣。

谢家麟

高能物理学家的"加速梦"

★★★★★

　　世界第一台医用电子直线加速器、中国第一台可向高能发展的电子直线加速器、中国第一台高能正负电子对撞机、亚洲第一台红外自由电子激光装置、世界第一台紧凑型新型加速器样机，这些填补空白的顶尖技术装置与谢家麟的名字紧紧连在一起。许多加速器专业的学生在写专业论文时，会发现在导师开列的一长串参考文献中，谢家麟的名字在许多外国作者中格外显眼。纵观谢家麟获过的奖项，会发现有很多的"第一"，这足见他的思想很有前瞻性。他创造了一个又一个奇迹，为建设创新型国家作出了杰出贡献。

一、率一帮门外汉成功研制"治癌武器"

1947 年 8 月，谢家麟到美国留学，并在九个月内以优秀的成绩获得硕士学位。

在美国求学期间，谢家麟就非常注重培养自己的动手能力。"我的学习与有些人是不同的，除了上课学习基础知识，用了相当的时间学习有些人不屑学习的实际动手的能力，我从实验室的技术人员身上学习了多种焊接技术、真空检漏技巧、金属部件的焊前化学处理、阴极材料的激活方法等。"谢家麟说，他这样做有两个原因："第一是考虑到回国以后，脱离了美国实验室的环境，自己不掌握它们恐怕就难以推动工作；第二是我有喜爱自己动手的习惯。"他补充道："动手能力并不能简单理解为操作技能，它指的是对一个大系统中硬件的全面特性，包括生产过程，有一定的理解和掌握，这样才能在大系统出现问题时，有解决问题的实际能力。"

"虽然我在加州理工学院取得了硕士学位，但个人兴趣和几年来在工厂工作的经历，都倾向于更接近实际应用的微波物理与技术。经一个同学指点，才知道斯坦福大学物理系开的课程多偏向应用基础研究的微波物理和技术。而当时美国大学是可以随意转学的，经当时加州理工学院校长密立根教授的推荐，我顺利转学到了斯坦福大学。"谢家麟说，早年得益于美国的教育制度，可以随意转学。他说，一个大学生的奋斗目标，也许在他刚进入大学的时候并不十分明确，因此允许转系、转科、转学对人才成长是十分重要的。

1951 年获斯坦福大学物理系博士学位后，归心似箭的谢家麟于 9 月登上"克利夫兰总统号"邮轮，返回百废待兴的祖国。就在轮船中途停靠檀香山时，发生了意外。

谢家麟回忆说："在船上有十几个中国学生。大家都很高兴到那儿参观参观，下去观光了。结果一回来，大概下午三四点钟要开船了。结果我们一上船，在船门口有人拿一个名单说，你叫这个，叫那个。就叫到我了，找不到名字。他说：'你叫什么？'我说：'我叫谢家麟。'他找这个名单，他找不着我的名字，我还帮着他找，都不知道是什么事。结果看到名字底下画着一条红线……"

原来是美国移民局的官员和联邦调查局的特工在船舱里仔细核对每位中国学生的身份、所学专业和目的地，之后他们向每位中国学生出示了一封信，内容是根据美国1918年一项立法，美国政府有权禁止交战国学习科技专业的学生离境。

交涉无果之后，谢家麟被遣返美国。下船后，他气愤地给白宫打了一个电话，以示抗议。归国无期让谢家麟心情郁闷。有一天，他来到了一条河边，思绪万千，写下了这样一首诗："峭壁夹江一怒流，小舟浮水似奔牛。黄河横渡混相似，故国山河入梦游。"诗作表达了他对祖国的热切向往和无限深情。

谢家麟说，当时为了回国，他还自费购买了一些准备回国用的科学仪器。幸运的是，在美国海关人员上船检查时，先后翻查了谢家麟的其他几个箱子，但没有检查装着仪器的箱子，否则，就不会有在美国做研究的机会了。

1952年夏末，他回到斯坦福大学的微波与高能物理实验室任助教。半年后，他又被实验室派到芝加哥一家医学中心，独立负责研制一台当时世界上能量最高的医用加速器，用它产生的高能电子束来治疗癌症。

除谢家麟对加速器有了解外，其他人都从未接触过加速器。谢家麟沉着应战，带着一帮门外汉日夜奋战，边学边干，两年中解决了涉及多个学科的特殊设计和调试问题：优化设计速调管、加速管等关键部件；把电子束尺寸从几毫米均匀扩展到20厘米，满足对肿瘤照射的需要；使产生的电子束流左右旋转，从不同方向进入人体，把加速器的稳定度提高到医用水平……

1955年初，世界上第一台用高能电子束治疗癌症的加速器装置在谢家麟手中率先研制成功，并对一位患者临床使用。此事成为当地的大新闻，在美国物理界引起轰动。芝加哥报纸的报道说，这是"原子粉碎机支援治癌作战"，称之为"治癌武器"。

之后不久，谢家麟接到美国移民局来信，要求他在做永久居民和限期离境之间作出选择。他毫不犹豫地谢绝实验室的高薪留任，选择尽快回国。

二、"因陋就简"跳上"飞驰的列车"

1955年回国后，谢家麟不仅与阔别八年的妻儿团聚，也得到了报效祖国的舞台。被问及工作意向时，谢家麟表示自己对加速器了解较多，希望从事加速器工作。

国内几乎没有人了解加速器，可谓"一无所知"，也"一无所有"。谢家麟就组织培训，从"核物理""电子学"等基础知识开始，给分配来的研究人员补课。相关器材属科技尖端，国内没有，欧美禁运，苏联保密。电子直线加速器是一个微波型加速器，但是连最基本的微波讯号发生器都没有，波导驻波测量器没有，波导元件也没有。怎么办？答案只有一个：自己做。谢家麟带领大家用反射速调管制作讯号发生器，尽管性能不太好，又很笨重，但也能用它做实验。国内没有生产出 10 厘米波导管，就设计用黄铜板拼接再焊上法兰并镀银，制成各种波导元件。连检波用的晶体架、讯号放大器等也是自己设计，由工厂加工制成。后来，通过香港才买到一台美国产的微波讯号发生器，国内工业也发展了，可以买到一些仪器和设备，才进一步完善微波实验室。正如谢家麟所说："想吃馒头，先种麦子。"所有的事都要从头学起，从头做起。

面对一个又一个困难，谢家麟说："什么叫做科研工作？做科研工作就是解决困难。没有困难，那就用不着科研了。"他坚信"没路可走"是搞科研的人常遇到的，没路就找路子，总有踏出来的路。他就是这样带着一批学生从零开始建造微波实验室、调制器实验室，建立精密金工车间，自行研制各种微波元器件。大家边工作，边学习，热情高涨。

谢家麟 40 岁时，健康状况不佳，医生规定每天只能工作半日，但他在工程期间一直是全天工作。同事曾问，以他的身体条件，怎么能完成这么多工作？谢家麟回答："我的身体好比一盏灯油较少的油灯，我可以将灯芯拧小点儿，慢慢点燃，也可以长久地发光。"

经过 8 年的艰苦探索研究，终于在 1964 年冬研制成功了我国第一台 30MeV 可向高能量发展的电子直线加速器。

1973 年初，在周恩来的指示下，中国科学院高能物理研究所在原子能研究所一部的基础上成立。1980 年，我国高能物理事业面临一个关键性选择：国内第一台高能加速器，是选择质子同步加速器方案，还是选择国际上最先进的正负电子对撞机方案？谢家麟不简单冒进，也不轻易畏难。他参与数十次研讨，与各方专家反复权衡两种装置的优缺点，最终确定了正负电子对撞机方案。

正负电子对撞机技术难度很大，许多技术在国内都是空白。有许多人为此担忧，曾打过这么一个比方："好比站在铁路月台上，想要跳上一辆飞驰而来的特快列车。如果跳上了就飞驰向前，从此走在世界前列；如果没有抓住，摔下来就粉身碎骨。"

功夫不负有心人，谢家麟带领团队跳上了飞驰的特快列车。北京正负电子对撞机从 1984 年 10 月邓小平亲自参与奠基，到 1988 年 10 月成功实现对撞，仅用了 4 年时间、2.4 亿元人民币，创造了国际同类工程中建设速度快、投资少、质量好、水平高的奇迹，是我国在高科技领域的一项重大突破性成就，也是我国科研大工程的典范。

按照一般人的思路，这辈子完成了一项项重大科研工程，功成名就后应该颐养天年了。可谢家麟的目光没有停留在此。他敏锐地注意到在 1982 年被美国列为星球大战计划首选战略武器研究范畴的"自由电子激光（FEL）"项目。

此时，谢家麟已年至七旬。在这个项目中，他继续年轻时的"因陋就简"风格，用了 30 多年前建成的直线加速器和能量分析磁铁，还用 BEPC（北京正负电子对撞机）淘汰的四极磁铁改装了一个阿尔法磁铁。这不仅节约了费用，更大大缩短了投入试验的时间。

1993 年，北京自由电子激光装置终于实现了饱和振荡，成为亚洲地区研制的近 10 台红外谱区的 FEL 装置中第一个产生激光并实现饱和振荡的装置。

当年，中国科学院高能物理研究所研究人员钟元元在谢家麟领导下见证了研制北京自由电子激光装置的艰难历程。钟元元说，谢先生的谦和为人、渊博学识及事业心、师表风范等给她留下了难以磨灭的印象。"他提出的搞科研就要'安''钻''迷'，他崇尚的'细节决定成败'以及他的'逐步近似，由粗而精'工作方法……都使我受益匪浅，至今记忆犹新。"

2000 年，年事已高的谢家麟科技攻关精神不减当年。他突破加速器设计原理，将电子直线加速器几十年沿用的三大系统精简为两个系统，简化了加速器结构,大大降低了制造成本。此后又经过四年努力,成功研制出世界上第一台紧凑型新型加速器样机,验证了设计理论的可行性,并申请了国家专利。

三、"乐天派"的诗意生活

谢家麟晚年住在北京市海淀黄庄一幢普通的居民楼里,生活平静安宁。老伴儿说谢家麟很少运动,但是性格非常好,无论遇到什么事,从不着急上火。谢家麟也自称"乐天派",并自嘲年纪大了"懒得动"。

虽然不爱运动,但谢家麟仍然坚持每周一到位于石景山区的中国科学院高能物理研究所上班,一年四季风雨无阻。他晚年虽然已远离重大科研项目,但仍旧关心着年轻人的工作。"我们的老有所为就是给青年学生当顾问。"

很少人知道,这位与科学仪器打了几十年交道的科学家其实也是一位不折不扣的文学爱好者。北京正负电子对撞机对撞成功,谢家麟曾写下诗篇抒发跻身科学前沿领域的豪情:"十年磨一剑,锋利不寻常。虽非干莫比,足以抑猖狂。"

谢家麟在大学曾选读过一门文学院的课程"苏(苏东坡)辛(辛弃疾)词",由国学大师郑因伯授课。期终考试时,老师让学生们从两位词人的作品中选一首进行评说解读。谢家麟选了苏轼的《蝶恋花·密州上元》。谢家麟笑言:"我很欣赏这首词中对人世无常的淡泊旷达的意境,当时我大概讲评写得不错,赢得了郑先生在班上的表扬,还说可惜我不是中文系的学生!"

1940年，北京燕京大学物理系师生在物理楼前合影（二排右三为谢家麟）

乐观、谦和的谢家麟爱写诗词、听音乐、看报，喜欢看侦探和探险小说，好的电视剧也不放过。他说："人应该有广泛的兴趣，世界上有那么多美好的东西，你一点不知道是很遗憾的。"也许正是缘于对生活的热爱，他总是乐观地向前看，生活简单而快乐。

谢家麟是一位不断奋进的科学家，更是一位胸怀宽广、淡泊名利的爱国志士。中国科学院高能物理研究所副所长一职，是谢家麟做过的最大的"官"。就在谢家麟事业渐近巅峰的时候，他主动退到课题负责人的位置。他说："我一生最大的愿望就是做一个对国家、对人民有用的人，从未考虑过自己要取得何等成就，成为什么人物，获得多少报酬。"

★ 档案盘点 ★

徐光宪（1920—2015年），浙江绍兴人，著名物理化学家、化学教育家，中国稀土化学的开创者、串级萃取理论的建立者，有"稀土界的袁隆平"之誉。1944年7月毕业于交通大学化学系，1951年3月获美国哥伦比亚大学博士学位。历任交通大学化学系助教、北京大学化学系副教授和燕京大学化学系兼职副教授，北京大学放射化学教研室主任，北京大学技术物理系副主任兼核燃料化学教研室主任、教授，北京大学化学系无机化学教研室主任、稀土化学研究中心主任等职；曾任《中国稀土学报》主编。中国科学院院士。

★ 卓越成就 ★

长期从事物理化学和无机化学的教学和研究，涉及量子化学、化学键理论、配位化学、萃取化学、核燃料化学和稀土科学等领域，基于对稀土化学键、配位化学和物质结构等基本规律的深刻认识，发现了稀土溶剂萃取体系具有"恒定混合萃取比"基本规律，在20世纪70年代建立了具有普适性的串级萃取理论。

★ 人生语录 ★

如果把科学家分为几类，有举重若轻的，有举轻若重的，那么我都不是，我属于"举重若重"的一类人。

徐光宪

造就稀土的中国传奇

★★★★★

80多年前的一个夏夜,一个孩子仰着头遥望星空,好奇地向大人发问"天上有多少颗星星"。

80多年后的一个初春,一位泰斗级科学家站在中国科技界的最高领奖台上,接受国家主席的颁奖。

当年仰望星空的男孩,后来成为"中国稀土之父"。他就是著名物理化学家、化学教育家徐光宪院士。

一、被点将领衔分离"孪生兄弟"

1955年1月，党中央作出研制核武器的重大决策。由于回国科学家中研究原子核物理和放射化学的只有钱三强等少数专家，于是国家提出"全民办原子能"的号召，要求北大、清华等高校建立原子能系，动员邻近领域的学者转行搞原子能。时任核工业部副部长钱三强到北大来查阅档案，建议徐光宪担任北大原子能系副主任。于是徐光宪根据国家需要，从事原子核物理的教学和核燃料萃取化学的研究，并成立了核燃料化学教研室。

1964年，徐光宪参加了第二机械工业部绝密会议。在会上，徐光宪等提出，摈弃由苏联专家提供的沉淀法，以我国自行研究的、先进的萃取法筹建核燃料后处理厂，制造原子弹原料——钚。徐光宪等人的这一提议，在决策上起了作用，使我国在苏联专家撤走后，在没有图纸的情况下，用较低的成本快速改建了还没有完成的厂房，使我国的核工业在国家最困难的时候走上了快速发展的轨道。

1972年，北大化学系接受了一项紧急的军工任务——分离镨钕，纯度要求很高。徐光宪成了这一研究的领军人物。从量子化学到配位化学，再到核燃料化学，直到最后的稀土化学，这已是徐光宪第三次改变研究方向了。

稀土元素，简称稀土，又称稀土金属，在通信、石油催化、彩色显示、储氢材料，以及超导材料等方面扮演着无可替代的角色，有工业"维生素"之称，并被美、日等国列为21世纪的"战略元素"。对徐光宪来说，"国家需要"始终是第一位的理由，他转换研究方向无怨无悔。

为什么爱国者导弹能轻易地击落飞毛腿导弹？为什么F-22战斗机可以超声速巡航？为什么美制坦克与苏制坦克的主炮直射距离差距不大，但前者总是能打得更准？……徐光宪用几个"为什么"勾勒出当今军事科技的巨大进步，并从材料科学的角度，指出"稀土"能够解释上述所有"为什么"。

邓小平曾说过，中东有石油，中国有稀土，中国的稀土资源占世界已知储量的80%，其地位可与中东的石油相比，具有极其重要的战略意义，一定要把稀土的事情办好，把我国的稀土优势发挥出来。中国原本有着世界上最大的稀土资源储备，但是生产技术掌握在国外少数厂商手中，他们将这些技术当作高度机密。中国长期以来只能依赖低价出口稀土矿物和混合物来获取蝇头小利，同时高价进口深加工产品，这使我国长期处于有资源无利益的窘境。

这是一项"前无古人"的尝试。15种镧系元素，犹如15个孪生兄弟一样，化学性质极为相似，要将它们一一分离十分困难，而镨钕的分离又是难中之难。

徐光宪打了一个又一个"漂亮仗"——他建立了自主创新的串级萃取理论，推导出100多个公式，并成功设计出了整套工艺流程，实现了稀土的回流串级萃取。

什么是"萃取"？假如把A、B共生的元素放到油和水的混合物中，A爱往油里跑，B则爱在水里待着。经过一次分离后，油里有55%的A，而水里有45%的B。一次分离，就算"一级"。稀土的分离过程，大概需要400到500级。通过不断分离，并将每次的成果串联起来，最后元素纯度达到99%以上，这就是串级萃取。

但是，串级萃取中有太多的变量：油和水要放多少？油是花生油还是豆油？水是糖水还是盐水？每个元素分离的次数应当是多少？……

阿基米德说过，给他一个支点，他能撬动地球。徐光宪找到了自己的"支点"。他发现，无论油和水的条件怎样变化，但在大多数条件下，油和水中金属离子各自的总浓度比是一个常数。换句话说，就是将A、B两种元素放入油和水中，油中A+B离子数和水中A+B的离子数相比，得到的始终是一个常数。这就是"恒定混合萃取比规律"。

"恒定混合萃取比规律"的发现，使串级萃取理论最终建立。徐光宪和他的团队在此基础上提取了包含100多个公式的数学模型，并创建了"稀土萃取分离工艺一步放大"技术，使原本繁难的稀土生产工艺"傻瓜化"，可以免除费时费力的"摇漏斗"小试、中试等步骤，直接放大到实际生产……

当时，一般萃取体系的镨钕分离系数只能达到1.4—1.5。徐光宪从改进稀土萃取分离工艺入手，使镨钕分离系数打破了当时的世界纪录，达到了相当高的4。一排排看似貌不惊人的萃取箱像流水线一样连接起来，只需要在这边放入原料，在"流水线"另一端的不同出口，就会源源不断地输出各种高纯度的稀土元素。原来那种耗时长、产量低、分离系数低、无法连续生产的生产工艺被彻底抛弃了。

采用徐光宪的科研成果生产的单一高纯度稀土大量出口，让那些曾经无视中国"稀土大国"地位的国家不得不面对这样一个尴尬的现实：中国生产的单一高纯度稀土占世界产量的80%以上，中国高纯度稀土的大量出口，国际单一稀土价格下降30%—40%，美国钼公司、日本的稀土分离企业、法国的罗地亚公司等长期霸占世界市场的稀土垄断企业，不得不减产、停产、破产，或寻求同中国人进行分离技术方面的合作。中国终于实现了由稀土资源大国向稀土生产大国、稀土出口大国的转变。因此，徐光宪被称作"稀土界的袁隆平"。

我们很难想象，如果没有稀土，世界将会怎样。我们每天看的电视，

1980年6月，徐光宪（前排右二）率中国科学院稀土代表团出访时与代表团成员的合影

其鲜艳的红色就来自稀土元素铕和钇；外出携带的照相机，镜头里就有稀土元素镧；我们天天使用的手机、计算机中也有稀土元素。有资料显示，当今世界每五项发明专利中便有一项和稀土有关。别看稀土在我们的生活中无处不在，可它的分离、利用却并不那么轻松，徐光宪为此奉献了整整一生的光阴。

二、以"回国探亲"为借口毅然回国

1948年初，徐光宪和夫人高小霞都获得了"公派自费"留学美国的资格。徐光宪从亲戚家借来的 10 两黄金（当时相当于 350 美元），仅够支付一个人的留学费用和一张三等舱船票，所以最终成行的只有徐光宪一人。

1948 年 1 月至 6 月，徐光宪就读于美国圣路易斯华盛顿大学研究院化工系。1948 年夏，在纽约哥伦比亚大学暑期试读班中，徐光宪成绩名列榜首，被该校录取为研究生并被聘为助教，不仅免交学费，还被正式列入教员名录。当时能得到这一待遇的留学生是极少的。他攻读量子化学，一年后即获得哥伦比亚大学理学硕士学位。

为了让夫人来美留学，徐光宪向当时在哥伦比亚大学的唐敖庆等学长借了 1800 美元，以高小霞的名义存在银行里以证明有足够的经济实力，这样才使高小霞来到纽约，进入了纽约大学。两人半工半读，高小霞晚上去听课，白天去康奈尔大学医学中心当分析实验员，徐光宪则做助教。

在美国留学期间，徐光宪不但热衷于攀登科学高峰，刻苦攻读，潜心研究，也时刻不忘祖国。他参加了进步学生组织"留美中国科学工作者协会"，并成为该会纽约分会的负责人之一。他还参加了唐敖庆等人发起的"新文化学会"和以唐敖庆为会长的"哥伦比亚大学中国同学会"。

1949 年，徐光宪欣喜地得知了中华人民共和国成立的消息，决定和朋友们一起到中央公园野餐庆祝。一群好友围坐一圈，或吃或笑。有人还特意做了一块大大的"胜利酒家"的牌子放在中间。这群好友里，有何兹全、杨绛、汪明禹、刘静和、萧嘉魁这些知名学者。一群目睹了中华民族曾遭受的深重灾难，历经千辛万苦留学国外、试图"以科学救中国"的学子如今终于盼来了新中国的成立。

1950 年 6 月，就在徐光宪夫妇攻读各自的博士学位时，朝鲜战争爆发，中国在 10 月开始抗美援朝。

"抗美援朝开始后，麦克阿瑟因为战事失利下了台。我们坐地铁时，外国人看我们的眼神都不一样了。因为以前他们都很瞧不起中国人，但现在他们既有点恨你，又感觉你很厉害。能明显感到，在朝鲜战场上败下来以后，美国人对中国人的看法变了。"徐光宪回忆说。不久后，钱学森回国受到阻挠，美国总统已提出法案，让所有在美国的中国留学生加入美国国籍，不准回到新中国，等待参众两院通过后即付诸实施。这使徐光宪感到"再不回去，也许就要一直住在别人的国家里了"。

徐光宪已经在1951年3月通过论文《旋光的量子化学理论》答辩，获得博士学位，而且当选为美国菲·拉姆达·阿珀西龙（Phi Lamda Upsilon）荣誉化学会会员和科学研究荣誉学会（Sigma Xi）会员，接连荣获两枚象征"开启科学大门"的金钥匙，前途一片光明。"我那时在量子化学方面有些想法，导师说这些想法很好，毕业时他推荐我到芝加哥大学著名的理论化学大师密立根教授那里做博士后。"摆在他面前的，似乎是一条通往科技高峰的坦途。同时，高小霞还有一年便可获得博士学位。

新中国的成立、抗美援朝的开始，让徐光宪觉得，身为中国人应当回国效力。但有关阻止中国留学生返回祖国的法案很快将通过议会表决并正式实施，届时回国将变得很困难。4月，心急如焚的徐光宪与夫人商量："科学没有国界，但科学家有自己的祖国。"

真正的伴侣，心是相通的。高小霞铿锵回应："留学为什么？不就是为了学成后报效祖国吗？！"于是，高小霞断然决定放弃学位，同丈夫一起归国。

但这时归国已经相当困难，两人只好托人在国内写信到美国，信中写道："徐母身体有恙，须归国探望。"于是，两人谢绝导师的挽留，以探亲的名义获得签证，冲破重重阻力，于4月15日乘"戈登将军号"邮轮离开美国。这是"禁止中国留美学生归国"法案正式生效前，驶往中国的倒数第三艘邮轮。

"那时候很难啊！不过我们还是在 5 月 5 日到了广州！轮船抵达广州的时候，有小船插着五星红旗来接我们。看到五星红旗，我非常激动，我觉得中国人确实是站起来了，就想要把自己所有的知识都奉献给祖国。"在半个多世纪后回忆往事时，语气平和的徐光宪掩饰不住内心的激动，提高了声调。"之后 7 月又有一艘船已经开到了檀香山，结果因为法案通过了，强行把学生们弄下船送回了美国。"

三、"霞光"满天映后生

荣获 2008 年度国家最高科学技术奖之时，徐光宪想到了感情笃深的夫人高小霞。几十年如一日，他们共同辛勤耕耘在祖国的科学教育事业上。无论在事业上还是在生活中，他们都是一对有口皆碑的模范夫妻。

同窗共读，同年回国，同时当选为全国政协委员、中国科学院学部委员，同时获得国家自然科学奖……徐光宪和夫人高小霞"十同"的故事在高教界、科技界传为美谈。1994 年，徐光宪与高小霞这对院士伉俪荣获首届"中华蓝宝石婚佳侣奖"。在颁奖现场，徐光宪说："我想我们现在还希望过一个金刚石婚。"他们都有信心完成这个爱情神话，但是令人痛惜的是，这句话成了永远都实现不了的愿望。

高小霞于 1998 年因腮腺癌住院治疗。当时，已 78 岁高龄的徐光宪隔日就搭乘公交，花一个小时前往中日友好医院照顾爱妻。这年教师节的前一天，高小霞因医治无效离世。谈及夫人的故去，老人的声调陡然低沉，眼圈发红："那时她的腮腺有问题，但友谊医院认为是腮腺炎，耽误了两个月，后来查出是癌症，已经转移到肝……我一生中最满意的，是和高小

徐光宪与高小霞

霞相濡以沫度过的52年；我最遗憾的，是没有照顾好她，使她先我而去。唉，我对不起她……"

很长一段时间内，徐光宪陷入深深的自责。但为了夫人的遗愿，为了钟爱的科学事业，他逐步恢复了与学生的学术讨论，并努力调节好自己的状态。当年为爱妻选墓时，他特意预先在墓碑上面刻上了自己的名字，将爱妻名字铭刻在左边，并向旁人解释："我尊敬她。"

2005年，徐光宪继1994年获首届何梁何利基金科学与技术进步奖之后，再度获得何梁何利基金科学与技术成就奖。他毫不犹豫地将100万元的奖金全部托付北大化学学院分配，用其中的60万元专门设立"霞光"奖学金，每年资助八个努力学习又家境贫困的学生。徐光宪特别强调这一奖学金的设立完成了夫人的一个夙愿。

徐光宪一生简朴，衣柜里没有几件好衣服。到人民大会堂领国家最高科学技术奖时，徐光宪特意穿上了新衣服。获得国家最高科学技术奖，获奖者可以支配一笔高达500万元的巨额奖金，其中50万元归个人，另外450万元可由获奖者用作自主选题的科研经费。对于奖金，徐光宪没有什么个人打算："得奖的工作都是我的学生和研究团队完成的，我只是这个集体的代表。我已经跟大家说好了，包括那50万元在内，全部都拿出来。几个研究团队要好好商量，怎么分配使用这些经费。经费要以稀土为主，要全部放在几个课题组和国家重点实验室……"

出席中国科学院建院60周年纪念会时的徐光宪　中新图片／徐曦弋

徐光宪一直把名利看得很淡。1960年，徐光宪把编写《物质结构》一书得到的在当时堪称"巨款"的5000多元稿费全部捐给工会，用于补助困难教职工，还一再请求工会"不要声张"。

这就是徐光宪，一位总为他人着想的科学大家，一位魅力无穷的化学泰斗！

★ 档案盘点 ★

师昌绪（1920—2014年），河北徐水人，著名材料科学家、战略科学家，中国高温合金材料领域的开拓者和奠基人。1945年毕业于国立西北工学院（今西北工业大学）矿冶系。历任中国科学院金属研究所研究员、所长，中国科学院金属腐蚀与防护研究所所长，中国科学院技术科学部主任，国家自然科学基金委员会副主任，中国工程院副院长，第三世界科学院院长等职。中国科学院院士、中国工程院院士、第三世界科学院院士。

★ 卓越成就 ★

研制出九孔铸造高温合金涡轮叶片，解决了一系列技术难题，使中国航空发动机涡轮叶片由锻造发展到铸造，由实心发展到空心。在金属凝固理论方面发展了低偏析合金技术，通过有效控制微量元素降低合金凝固偏析。研发出应用于各类飞机发动机和大型燃气轮机定向、单晶等系列高温合金和复杂型腔铸造技术。开发出多种节约镍铬的合金钢。提倡传统材料与新材料研究、基础研究与应用研究并重。推动了中国材料疲劳与断裂、非晶纳米晶等学科的发展。提出中国发展镁合金，倡导并参与中国高强碳纤维的研发应用。

★ 人生语录 ★

人生在世，要对人类有所贡献。作为一个中国人，就要对中国作出贡献，这是人生的第一要义。

师昌绪

丹心报国的"中国高温合金材料学之父"

★★★★★

2011年1月14日上午，北京人民大会堂，一位皓首老者缓步走上主席台。当国家领导人将国家最高科学技术奖获奖证书授予这位老人时，现场热烈掌声经久不息。在全场目光和镜头的聚焦下，这位91岁的老人笑得平静而坦然。

这位老人就是"两院"资深院士、著名材料学家师昌绪。他不仅是我国材料科学与技术界的一代宗师，更是推动我国材料科学发展的杰出管理者和战略科学家，可谓"中国材料学之父""中国高温合金材料学之父"。"作为一个中国人，就要对中国作出贡献，这是人生的第一要义。"他最常说的这句话，虽然朴实无华，但彰显了一位饱经沧桑的老知识分子几十年来投身科学事业，不畏磨难，矢志报国的赤子情怀。

一、"材料医生"破解"无头案"

1955年回国后，师昌绪心花怒放地从火车站扛着行李前往位于沈阳的中国科学院金属研究所。当时正值第一个五年计划的建设高潮，金属研究所在李薰所长领导下，以大部分力量投入直接为国民经济工作服务的研究，师昌绪被指定为金属研究所在鞍钢工作组的负责人。师昌绪的专长本是物理冶金学，而新的任务却涉及炼铁、炼钢、轧钢等工艺问题。他毫无怨言，毫不犹豫地挑起这副担子，边工作边学习，领导全组完成了多项重要课题，显示出他知识渊博与处理大生产问题的能力。师昌绪不懂俄文，但他依靠查字典，译出了《金属学物理基础》一书的"液体金属结构"与"凝固"两章。1957年，金属研究所的研究工作重点转向军工尖端材料的研究。师昌绪被任命为高温合金研究组的负责人，兼任合金钢研究室主任。从此，他开始从事高温合金及合金钢的研究与开发工作。

20世纪50年代末期，高温合金是航空、航天与原子能工业发展中必不可少的材料。师昌绪从中国既缺镍无铬，又受到资本主义国家封锁的实际出发，提出大力发展铁基高温合金的战略方针。为了克服一般铁基高温合金耐热性能差的弱点，师昌绪等人在设计成分时一反铁基高温合金中钛高铝低的常规做法，相应提高铝的含量，从而研制出中国第一个铁基高温合金808，代替了当时的镍基高温合金GH33作为航空发动机的涡轮盘。

1960年冬，为了使中国高温合金的生产立足国内，师昌绪率队与抚顺钢厂共同攻关。当时他的夫人正怀孕需要照顾，他便每天早晚乘铁路闷罐车往返于沈阳与抚顺之间，即使最冷的一二月也是如此。在几年的时间里，为了高温合金的推广与生产，他几乎跑遍了全国的特殊钢厂和航空发动机厂，帮助解决生产中出现的实际问题。

20世纪60年代初发生了一起飞机坠机事故，分析认为是轴承中混有空心滚珠造成的，这导致数百架飞机不敢起飞，成为当时的"无头案"。师昌绪冷静地对此进行分析研究，根据金相观察，他提出滚珠是受到高速挤压造成局部熔化而失效的，这是冷却油不洁净所致，为此，只要加强油的过滤就可解决问题。厂方接受了他的处理方案，使大批飞机得以重上蓝天。因师昌绪"随叫随到"，又能解决问题，人们亲切地称他为"材料医生"。

1961年，美国成功研制了铸造空心涡轮叶片的技术，并投入使用，然而其技术是严格保密的。1964年，围绕如何使国产歼-7飞机提高档次的问题，发动机设计师和材料工程师们展开了异常激烈的辩论。航空研究院主管材料与工艺的副总工程师荣科教授大胆提出了"采用空心涡轮叶片以提高涡轮工作温度"的方案。荣科请师昌绪主持空心涡轮叶片的研制工作，并采用"设计、材料、制造一条龙"的方案。很快，师昌绪便组织起100余人的攻关队伍。师昌绪和大家一起日夜奋斗在金属研究所简陋的精密铸造实验室，在设计、材料、制造三个环节的通力协作下，不到一年的时间，就研究出中国第一代空心气冷铸造镍基高温合金涡轮叶片，使我国成为世界上第二个采用这种叶片的国家。此项科研成果使我国喷气发动机涡轮叶片技术跃上了两个台阶：由锻造合金改为真空精铸，由实心叶片改为空心叶片，而且我国涡轮叶片的制造工艺更精巧。

"文化大革命"期间，师昌绪受到了很大冲击。但是，不公正待遇和折磨均未能动摇他对祖国的一片赤诚和对中国共产党的信赖。之后，师昌绪被派到一个中专程度的培训班工作。他在教书之余，搜集与阅读大量文献，每天凌晨三点起床伏案疾书。不到一年时间，他与合作者完成了一部既有基础概念又有最新动态、长达70万字的金属学讲义。

1975年，贵州170厂四面漏风的简易工棚里，住进一个总是笑呵呵的老头儿。人们一开始认为，这个老头儿只是个普通的科研人员，后来才知道，他就是制造空心涡轮叶片的大行家——师昌绪，他随空心叶片生产基地的转移而一起从沈阳转移到了贵州。

即使条件艰苦，师昌绪从原料的准备到验收标准的制定也都亲力亲为。他带领科技人员夜以继日地攻关，为厂里组建了一整套生产、检验的技术标准，使空心涡轮叶片的生产质量与成品率都达到最好水平，成为我国当时最先进歼击机的最关键部件，经过多年考验没有发生事故，并成批生产，走向市场。该项成果获1985年国家科学技术进步奖一等奖。

二、"聪明绝顶"的科学战略帅才

1978年，师昌绪开始从事金属研究所的领导工作。他明确提出："作为一个在国内外占有一定地位的研究所，必须抓住两头，一方面要从事与国民经济密切相关的应用性研究与开发工作，而且要在工业建设中见效并得到社会承认。另一方面必须重视基础性研究，否则前者便成为无源之水。"基于上述办所原则，他又提出"宁可省吃俭用，每年也要拿出一部分经费来购置一件大型实验设备"和"多招收研究生"等，这些主张对金属研究所的发展，保持其在国内领先地位、在国际上享有较高声誉，起了很大作用。

1982年，师昌绪在沈阳主持建立了我国第一个腐蚀专业研究所——中国科学院金属腐蚀与防护研究所。现在，这个所已成为具有一个博士点和博士后流动站、一个国家重点实验室和一个国家工程技术研究中心的腐蚀科学研究基地，在国内外享有较高声誉。

1982年，师昌绪（左二）在印度出席国际学术会议

1983年，一纸调令从北京飞到了沈阳。时任金属研究所所长的师昌绪被任命为中国科学院技术科学部主任。由此他便开始了以北京为舞台的科技管理工作。

到北京后，师昌绪不再只是一个研究材料的专家，他还扮演起管理者和决策者的角色，成为推动我国材料科学发展乃至整个科学界发展的战略科学家。他从面向世界进行新技术革命的高度开展学部工作，组织学部委员们对钢铁、能源、通信、计算机、集成电路以及科技人员培训等问题进行了咨询，并报送国务院，受到高度重视。

1986年2月，国家自然科学基金委员会成立，师昌绪被任命为副主任。他做了大量细致具体的工作。他认为国家自然科学基金委员会有学术性和机关性双重作用，而且首先是学术性作用。各学部主要成员必须具备较高的研究水平，否则不是变成衙门式的官僚机构的成员，就是成为专家的尾巴，自己无力辨别方向。为此他提出了学部主要成员的轮换制，并采取了特殊办法解决高水平人员不愿来京的问题。他还亲自制定与主编了《基金项目指南》，对国家自然科学的发展起到导向作用。他主持了《科学发展战略研究》的启动与编写。在编写过程中，他广纳众议，对国家基础和应用研究的发展提出了一套比较完整的看法，被学术界认为对推动中国基础研究的发展颇有新建树。

1981 年春夏之交，北京友谊宾馆的一间客房内，师昌绪与张光斗、吴仲华、罗沛霖连续几天都在商量一件重要的大事：讨论成立中国工程院的问题。四位院士起草了一份报告，呈送党中央。不久，四人又联名在《光明日报》发表文章，阐述成立中国工程院的必要性。1992 年，师昌绪又与其他五名院士联名写信给党中央，再次阐述了成立中国工程院的必要性和紧迫性。得到批准后，他任提出组建方案的主持人和筹备组副组长。到 1994 年 6 月，中国工程院宣告成立，74 岁的师昌绪被任命为副院长。

为了发展祖国的科技事业，师昌绪还肩负着许多社会工作。1985 年，在他担任中国金属学会材料科学分会理事长期间，在中国科协的支持下，主持了由 27 个全国学会组成的中国材料联合会，该学会于 1993 年发展为中国材料研究学会。为了联合冶金工作者和汽车制造者，师昌绪推动成立了中国薄钢板研究组，并加入了国际深冲研究组，1992—1994 年他担任这个国际组织的主席。

1997 年，我国启动重大基础研究规划的立项工作，开始只有农业、能源、信息、资源环境与生命科学等五个领域。1998 年，在师昌绪等科学家的积极建议下，国务院科技领导小组同意将材料科学列为重点支持领域之一。从此，我国材料科学研究驶入了快车道。

生物材料是 21 世纪研究与开发的热点，中国因涉及几个学会不能联合而无法加入国际组织。师昌绪经过努力在 1997 年将这几个学会联合起来，成立了中国生物材料委员会，被推选为理事长，并推动其于 1998 年加入国际组织,还成功争取到2012年在中国召开第九届世界生物材料大会。他不是生物材料专家,但他热心促进中国生物材料的发展,这完全出于对中国材料科学与技术进步的责任心。

乐天派的师昌绪自认为是个"只问耕耘,不问收获"的人,只要对国家科学技术发展有利,便努力为之。回忆起这些往事,已过耄耋之年的师昌绪指着自己谢了顶的头,笑着说:"我这些头发啊,一半是在筹建腐蚀所时掉的,另一半是来北京以后掉的。"

三、达观、乐于助人的老人走了

晚年的师昌绪仍在为我国的科技事业呕心沥血并不遗余力地奋斗着,对国家科技发展中存在的问题表现出强烈的责任心。2000年,他曾经就我国出现的"纳米热"给国务院科教领导小组写了题为《纳米科学技术的现状及本人对我国如何开展这项工作的意见》的报告,建议国家应对"纳米科技"予以重视并指导协调使其有序发展,他的意见很快为国务院采纳并落实。他对中国科学院和中国工程院的咨询工作也表现出极高的热情,参与并完成了很多关系国民经济发展的咨询报告。

或许有人说,耄耋老人该在家尽享天伦之乐了,可师昌绪是个大忙人,他经常出席各种有关科技的会议或活动如研究生答辩、成果鉴定、学会活动、国家重大科学工程的立项、国家重点实验室及国家工程研究中心的评审与评估等。他还创办或主编了《材料研究学报》《自然科学进展》《金属学报》等六个高水平刊物。

达观与乐于助人是师昌绪又一显著的性格特点。对此,他开玩笑道:

2010年，师昌绪（右）在中国科学院第十五次院士大会间歇与闵恩泽院士（左）、李静海院士（中）相谈甚欢　中新图片／徐曦弋

"我也说不清这是优点还是缺点，天天忙得团团转，很辛苦，但很愉快。"他相濡以沫半个多世纪的夫人郭蕴宜，谈及老伴儿时不假思索地说："他什么都好，就是爱管事儿，到现在都停不下来。"

2013年4月2日，师昌绪最后一次住院的当天上午，他还在为课题忙碌着。当天，师昌绪在办公室同工作人员讨论一个报告的修改细节。结束后，身体不适的师昌绪被送往医院。此后，这位老人再也没有回到国家自然科学基金委员会业务楼六层那间他留恋的办公室。

2014年11月10日，"中国高温合金材料学之父"师昌绪在北京病逝，享年94岁。得悉师昌绪逝世的消息，正在进行国务活动的李克强总理委托工作人员打电话对师昌绪逝世表示沉痛哀悼，并向其家人及亲属表示慰问。

"丹心报国，学富德高，辉煌业绩铸高峰；奖掖提携，宽厚至诚，芸芸后学仰先生。"师昌绪追悼会上的挽联，概括了他辉煌的一生。

★ 档案盘点 ★

朱光亚（1924—2011年），湖北武汉人（生于湖北宜昌），著名核物理学家，"两弹一星功勋奖章"获得者，中国核科学事业的主要开拓者。1945年毕业于西南联合大学物理系。历任西南联合大学物理系助教，朝鲜停战谈判志愿军代表团外文秘书，东北人民大学（今吉林大学）物理系教授，北京大学物理系教授、物理研究室副主任，第二机械工业部原子能研究所研究室副主任、研究员，核武器研究所副所长，核武器研究院副院长，国防科工委副主任、主任，中国科协副主席、主席，中国工程院院长、党组书记等职；曾出任北京理工大学董事会名誉董事长，国务院学位委员会副主任委员，中国国际科学和平促进会会长，解放军总装备部科技委主任；曾当选全国政协副主席。中国科学院院士、中国工程院院士。

★ 卓越成就 ★

参与组织领导中国原子弹、氢弹的研制及历次核试验，为中国核武器事业的创建与发展作出重大贡献。参与组织领导秦山核电站筹建、放射性同位素应用开发研究、国家高技术发展研究计划的制定与实施、国防科技与武器装备发展战略研究等工作，为中国工程院的初创和发展做了大量奠基性和开拓性的工作。

★ 人生语录 ★

核武器研制是一项综合性很强的系统工程，需要有多种专业的高水平科学家与工程技术人员通力协作。

朱光亚

国人心底闪耀的"科学明星"

★★★★★

"两弹一星功勋奖章"获得者朱光亚走了,永不陨落的是他的功勋与精神。

中国原子弹、氢弹的试验和研制,秦山核电站的筹建与研究开发,"863计划"的制定和实施,中国工程院的筹建……这一切,都与朱光亚相关联。

一、在西部荒漠里的庆功宴上酩酊大醉

1964年10月16日，我国西部上空爆炸了第一颗中国人自己研制的原子弹。全中国都沸腾了。

由于事关国家机密，当时的科学家们即使对自己的亲属也守口如瓶。朱光亚是当年"两弹一星"研制工作的参与者，晚年回忆起这段科学的秘密历程感慨不已。

20世纪50年代，新中国正处于帝国主义和反动派的包围和威胁之中。面对帝国主义的战争叫嚣和核威胁的严峻形势，1955年1月，毛泽东向全党发出了发展我国原子能事业的号召，中央决定利用苏联提供的援助发展新中国自己的原子能工业，研制自己的核武器。这一年，朱光亚被召回北京大学，参与组建原子能专业，担负起为新中国培养第一批原子能专业人才的重任。

1957年，朱光亚被调到原子能研究所任研究室副主任，参与了由苏联援建的研究反应堆的建设和启动工作，并从事中子物理、反应堆物理研究，完成了《研究性重水反应堆的物理参数的测定》等研究工作。随后，在苏联专家指导下，他领导设计、建成了轻水零功率装置并开展堆物理实验，跨出了我国自行设计、建造核反应堆的第一步。

1957年10月15日，中苏在莫斯科签订《国防新技术协定》。不到两年时间，苏联就背信弃义，于1959年6月20日单方面撕毁协议，撤走专家。我国原子弹的科研项目停顿了，正在试生产的企业瘫痪了，凛冽的寒潮席卷着中国大地。

"自己动手,从头做起,准备用 8 年时间,拿出自己的原子弹!"开国领袖毛泽东发出了向国防尖端技术进军的动员令。于是,凝聚着屈辱和愤怒的"596"(我国第一颗原子弹研制工程代号)工程开始了,一场自力更生、艰苦奋斗、集中兵力打歼灭战的新战役打响了。

1959 年 7 月 1 日,35 岁的朱光亚奉调来到第二机械工业部,担任核武器研究所副所长,肩负起中国核武器研制攻关的技术领导重担和中子点火等主要技术课题的攻关指导工作。当时,一些科学家奉召前来助战,一大批优秀科技骨干投身于这一神圣的事业,一支中国核武器研制大军诞生了。

1960 年 6 月 15 日,朱光亚向参与原子弹研制的科研工程技术骨干进行了一次技术交底,并向他们讲解了一份"绝密文件"——那是根据 1958 年 7 月,苏联核武器专家聂金、戈夫利戈夫、马斯洛夫来华考察后,在北京做过的一个报告整理的文件。这次报告尽管只是讲了一种教学概念,还不是工程设计,而且有的数据根本不对,但毕竟解决了从无到有的问题,对我国研制原子弹初期的工作起到了引路的作用,缩短了研制时间。

中国原子弹艰难的理论攻关就从这绝密的"碎片"开始了。经过夜以继日的艰苦奋斗,在继承和否定交织的科学探索中,中国的原子弹理论设计终于有了重大突破。1962 年 11 月,朱光亚和邓稼先等科学家提出争取在 1964 年下半年或 1965 年上半年爆炸第一颗原子弹的奋斗目标——"两年规划"。

"由于工作关系,我在参与原子弹研制中有较多的机会聆听周总理的教诲,感受他严谨的科学态度和工作作风的熏陶。"朱光亚曾回忆说,"我第一次受到周总理当面教导,是在 1962 年 12 月 4 日的专委会上。二机部副部长刘杰、钱三强等同志汇报原子能工业生产、建设情况和'两年规划'、原子弹研制等问题，我列席了会议并作了补充汇报。"

当时，我国一方面受到核大国的威胁，另一方面要克服经济困难，局势非常严峻。加快发展自己的原子能工业成为一个至关重要的问题。为此，周恩来和聂荣臻曾委托张爱萍、刘杰等到第二机械工业部所属单位进行了几个月的调查研究工作。第二机械工业部提出研制原子弹的"两年规划"后，这次专委会审议了这一规划。

这次专委会上，当朱光亚汇报实现原子弹研制"两年规划"的两个纲领性文件——《原子弹装置科研、设计、制造与试验计划纲要及必须解决的关键问题》与《原子弹装置国家试验项目与准备工作的初步建议与原子弹装置塔上爆炸试验大纲》的具体情况时，周恩来亲切地招呼他："请坐到前边来！"在总理对面坐下，朱光亚显得有些激动。

"讲得很好，很好！"周恩来赞赏地对朱光亚说，"核武器研究所的同志们做了艰苦的努力，党和人民是清楚的。"由于"两年规划"几乎牵动全国各条战线，许多问题需要在会上商定，会议从上午开到下午，周恩来便留与会人员吃午饭。

下午汇报完后，中央专委会讨论和批准了"两年规划"，并很快化成全国人民的行动。其间，朱光亚对原子弹装置的科研、制造与试验以及必须解决的关键问题作出了全面安排，还参与了中子点火等技术课题的攻关指导工作。

值得一提的是，在我国争分夺秒实施第一颗原子弹爆炸试验前，朱光亚还做了一件特殊的工作。那是1963年7月，美、英、苏三国代表在莫斯科准备签订《禁止在大气层、外层空间和水下进行核武器试验条约》。很显然，他们想扼制中国的核试验。条约签订前，周恩来派刘杰找科技人员讨论并征求意见，为我国政府的严正声明提供资料，并且一定要在7月23日条约签订前拿出来。朱光亚具体负责这项工作，组织人员查阅资料、进行讨论，连夜起草，及时提供了有理有据、义正词严的提纲。

通过全所同志的不懈努力和全国有关部门、单位的大力协同，实现了在1964年秋成功进行第一颗原子弹爆炸试验的目标。

当时，随着起爆命令的发出，新疆罗布泊大漠中骤然闪出一道强光，一朵巨大的蘑菇云伴随着一声天崩地裂的巨响冲天而起。成功了！看到那惊心动魄的壮景，看到整个试验的圆满成功，指挥所里的人们欣喜若狂。老成持重的朱光亚激动了，中国的原子弹在经历了十余载艰难的研制之后，终于在伟大的时代、伟大的祖国、世界的东方爆炸成功了！

当晚，在试验基地的庆功宴上，朱光亚喝得酩酊大醉……

二、两年零八个月之内创造"三级跳"

在中国核武器发展的进程中，朱光亚处于高层决策的中心，对一些重大的关键科技问题总是亲临一线，及时作出正确的科学决策。中国第一颗原子弹爆炸成功后，朱光亚一步紧似一步地实现了研制原子弹、核导弹头、氢弹头的"三级跳"计划。

1965年5月，我国成功进行了机载核航弹爆炸试验（含有热核材料的核试验），这是我国进行的第三次核试验。公报发表之后，给全国人民极大的鼓舞，对国外也很有影响。

1966年10月，我国"东风二号"甲导弹运载核弹头的爆炸试验又获成功，核武器研制的"三级跳"一步接一步地快速而稳健地实现着。

在朱光亚和彭桓武的主持下，邓稼先、周光召组织科技人员总结前一段的研究工作，制定了关于突破氢弹原理的工作大纲，继续进行探索研究，完成质量、威力与核武器使用要求相应的热核弹头的理论设计。1967年6月17日，中国第一颗氢弹终于爆炸成功，强烈的冲击波又一次震撼了世界……

中国的"三级跳"创造了世界奇迹。从原子弹到氢弹，美国用了七年零三个月，英国用了四年零七个月，法国用了八年零六个月，苏联用了六年零三个月，而中国只用了两年零八个月！

无论是原子弹还是氢弹的研制，从组建队伍到创造条件，从选定攻关方案到科学实验，环环相扣，没有一环不浸透着朱光亚的心血。如果说氢弹爆炸试验获得了百万吨级TNT当量的核聚变能量，那么可以说朱光亚在整个"三级跳"战役中凝聚的是同样当量的向心力能量。

三、不张扬的科技帅才成为世人心中闪烁的"星"

严肃而不失温和，严谨而虚怀若谷。功勋卓著的朱光亚，以他几十年从事国防科技事业特殊生涯所形成的独特气质，给人们留下了深刻的印象。

作为一位严谨、杰出的科学家，朱光亚对生活同样充满了热情。他喜欢欧洲古典音乐，尤其是交响乐。除专业图书和文学名著之外，他的书柜中还珍藏着大量的世界名曲唱片和录音盒、录音带。他喜欢体育运动，年轻时喜欢打乒乓球，还参加过篮球比赛。晚年的他，心有余而力不足。不过，体育运动中的拼搏精神一直深深地感染着他。

1996年10月，朱光亚获得了"何梁何利基金科学与技术成就奖"100万港币奖金。颁奖前一天，他对中国工程院秘书长葛能全说，全部奖金捐

1947年，朱光亚与杨振宁（中）、李政道（左）在美国密歇根大学研究生院时的合影

给中国工程科技奖励基金会，并让葛能全第二天代他去领取奖金支票。虽然葛能全知道朱光亚这样做一定是经过考虑并且不易改变的，但葛能全还是不忍心这样做，因为100万港币对于任何一个人来说都不是一个小数字，况且朱光亚家的经济状况并不宽裕。于是，葛能全试探性地建议说：实在要捐助的话，是不是拿出一部分，比如50万，这也不少了。朱光亚的回答十分平和，既没有犹豫的意思，也没有表白自己的话，只是说："就这样吧。"

第二天，葛能全拿到奖金支票后，又向朱光亚重复了个人的想法，请他考虑。这时朱光亚讲了要这样做的原因："作为中国工程科技界的工程科技奖励基金，现在都是由台湾友好人士捐助的，如果我们也能出一点，虽然为数不是很多，总是比较好一些。"尤其令人感动的是，朱光亚捐助了100万港币以后又反复叮嘱葛能全，这件事不要宣传。

20世纪80年代初,朱光亚在办公

1999年9月18日,人民大会堂内暖意融融。朱光亚被授予"两弹一星功勋奖章"。

五年之后,2004年12月26日,为表彰朱光亚对我国科技事业特别是原子能科技事业发展作出的杰出贡献,国际小行星中心和国际小行星命名委员会批准将我国国家天文台发现的、国际编号为10388号的小行星正式命名为"朱光亚星"。

2011年2月26日,科学巨星朱光亚似一颗流星划过天际,他那传奇而神秘的一生从此画上了句号。但苍穹之上那颗"朱光亚星",将永久绽放光芒。

朱光亚,已成为世人心底永远闪耀的"明星"。他曾心仪的那雄浑壮阔的交响曲,同样激励着一代代年轻人……

★ **档案盘点** ★

鞠躬（1929— ），安徽绩溪人（生于上海），著名神经生物学家，中国现代神经解剖学奠基人。1952年毕业于湘雅医学院，历任中国人民解放军第四军医大学解剖学教研室讲师、组织胚胎学教研室副教授、神经生物学研究室主任、教授，中国人民解放军神经科学研究所所长；曾任国家自然科学奖评审委员会委员、"973"专家组成员、何梁何利基金科学与技术进步奖学科（专业）评审组成员、国务院学位委员会学科评议组成员、国家自然科学基金委员会生命科学部专家咨询组成员等；第八、九届全国政协委员。中国科学院院士。

★ **卓越成就** ★

在研究中枢神经系统的纤维联系时，发现了中缝核向脊髓投射的局部定位关系、脊髓向下丘脑的直接投射等。提出的"垂体前叶受神经—体液双重调节学说"，打破了垂体前叶不受神经直接调节的半个世纪的定论。领导了脑对免疫系统调节的研究，其主要成果之一是证明了催产素是一种免疫激素，集中研究脊髓再生。

★ **人生语录** ★

科学家的生命在于不断地更上一层楼的追求。

鞠 躬

向挚爱的神经科学深深鞠躬

★★★★★

在神经科学界有一种说法：神经科学是生命科学的最后前沿。作为神经生物学家，从20世纪50年代起，鞠躬长期从事束路追踪、神经内分泌学、大脑边缘系统及化学神经解剖学的研究。

一、院士是这样炼成的

"Nauta法"是20世纪50年代美国人瑙塔（Nauta）发明的、到20世纪50年代后期才成熟的一种选择银染变性神经纤维的方法，对神经束路学的研究起了很大的推动作用。此方法问世之初，鞠躬便敏锐地注意到了。但由于当时国内科研设备简陋，资料匮乏，又无人指导，加上各种政治运动，鞠躬花了近10年时间苦心钻研。经历了一些不成熟的科研设计及无数次无效的尝试，直到20世纪60年代初才渐渐悟出其要旨。鞠躬和同事用"Nauta法"做了两项听觉束路追踪研究，成为当时国内颇有影响的研究成果。《解剖学报》刊载国内第一篇用"Nauta法"发表的正式论文后，立即引起学术界极大的注意。而当鞠躬将第二篇论文投进邮箱后不久，"文化大革命"爆发了，那篇论文石沉大海。令鞠躬没想到的是，"文化大革命"结束后，那篇论文奇迹般发表在《解剖学报》上。他欣喜不已。

对"Nauta法"研究的顺利进行，极大地鼓舞了鞠躬，也赋予了他无限丰富的想象力。以此为窗口，他看到了神经生物研究领域无限美好的前景。可在接踵而至的"文化大革命"中，第四军医大学调防挪到了重庆，科研活动中断，鞠躬也开始消沉。直到1973年，他才猛然醒悟，宝贵的时间不能这样白白地浪费。于是他天天往图书馆跑，翻看那些国外的科技杂志，知道国际上已经又有了很多科技新发明。尤其对于报道的一些科研新方法竟然看不懂，鞠躬又是着急又是痛心。

当时，鞠躬特别注意到追踪神经束路的一种新的方法"辣根过氧化物酶"，但他不清楚原委。从1977年下半年开始，鞠躬和同事们仅用一年时间就在"辣根过氧化物酶"的研究上取得突破性进展。

那时不允许中国科学家在国外的杂志上发表文章,虽然鞠躬当时在国内已经发表了60多篇论文,但在国际上讲,这一切都等于零。对此,鞠躬谈了自己的看法:"如果说那时在国内发表的所有文章都等于白做,那也是不公正的,但是科学这个东西是国际性的,自然科学是没有国界的东西,如不走向世界,对于科学的贡献就很小很小,往往事倍功半了。"

1985年10月至1986年6月,鞠躬作为访问学者在瑞典卡罗林斯卡学院随霍克弗尔特(T. Hokfelt)教授进行脊神经节及脊髓的免疫组织化学研究,这期间完成的论文《大鼠含CGRP的初级感觉神经元及其与P物质、生长抑素、甘丙肽、VIP及CCK神经元的关系》发表于国际科技杂志《细胞和组织研究》(Cell and Tissue Research),并成为国际感觉神经界的一篇经典著作。甚至可以说,这篇论文奠定了鞠躬在国际感觉神经界的地位和威望。1986年7月至1987年1月,他在美国索尔克生物研究所斯旺森(L. W. Swanson)教授实验室进行研究工作,完成了大鼠终纹床核的细胞及化学筑构学两项工作,并将相关研究成果发表于《比较神经病学杂志》(Journal of Comparative Neurology)。其对于终纹床核亚核的划分,已逐渐被国际学术界采用。

1988年,鞠躬的一个学生偶然发现在猴子的脑下垂体前叶有相当数量的免疫反应神经纤维。鞠躬仔细地观察了切片,确定了这些神经纤维大多绕行在细胞之间。这引起了他的重视。他组织了一系列的研究,终于得出一个全新的学说:哺乳动物脑垂体前叶受神经、体液双重调节。

在探究大脑是怎样影响免疫器官的时候,鞠躬和他的同事们在试验中发现了下丘脑中有一个核——前大细胞亚核,其参与神经免疫调节并可能是个中心。而且,其中一个物质——催产素,可能与神经免疫调节有关。此发现的意义在于,很多免疫系统疾病可影响神经系统,反之,神经系统的疾病也可影响免疫系统。顺着这个思路，这个发现将可以引导人们从心理上治疗有关免疫系统的疾病。

1991年，鞠躬被评选为中国科学院学部委员（后来改称中国科学院院士），这也是经过10年停顿后第一次评选学部委员。当选学部委员固然是崇高的荣誉，但是鞠躬在心潮久久不能平静的同时，写下了这样一句话："科学家的生命在于不断地更上一层楼的追求。"

在中国神经生物学领域堪称一面旗帜的鞠躬曾获得大大小小的无数奖项，如他曾获全军后勤重大科技成果奖、解放军专业技术重大贡献奖、何梁何利基金科学与技术进步奖，还曾获总后勤部"科学技术一代名师"称号。但是，个人荣誉对鞠躬而言远远不及探索科学奥秘的魅力大。

二、在寂寞的神经生物科学领域里创造"神话"

自1953年被分配到中国人民解放军第四军医大学，鞠躬艰难地在神经生物科学这个寂寞领域里探索，并且创造了一系列"填补人类空白"科学成果。

鞠躬先是在第四军医大学解剖学教研室干了30年，1983年他转到第四军医大学的组织胚胎学教研室工作了两年。1985年在第四军医大学的支持下，他组建了神经生物学研究室，1989年建立了神经科学研究所。1992年鞠躬经过认真仔细的考虑，向组织提交了关于扩建神经科学研究所的报告，经中国人民解放军总后勤部卫生部批准，于1995年正式成立了中国人民解放军神经科学研究所，鞠躬任所长。

中国人民解放军神经科学研究所建成的神经形态学研究室、超微结构研究室、神经生理学研究室、细胞神经生物学研究室、分子神经生物学研究室等，是鞠躬躬耕于神经生物科学领域创造的一个"神话"。在研究所，鞠躬定了一条"协作性原则"：不管谁有好的思路，经所里认可，便有权到任何研究室工作并获得帮助，研究室无权拒绝，只有协助、安排的义务。

在对脑下垂体前叶的调节这一科学命题的探索中，鞠躬已经取得重大突破性进展，如果按照他的思路一直做下去，必定会获得更大成果。但是，鞠躬知道并不是自己一个人在做，他领导的是一个研究所，不能让几十个人都围绕自己那一个课题去打转转。因此，鞠躬把脑下垂体前叶的调节、神经免疫调节与中枢神经系统再生三个课题的研究铺开，为神经科学研究所开辟了前进道路。"如果老一辈的科学家都能打开局面，并且引导

1998年，鞠躬出席第四届国际内分泌大会时与牛津大学教授摩理斯在一起

全所的年轻人在不同的方面作出贡献的话，比他固定一个梦在一条路上往前多走几步路要强得多、有价值得多。"鞠躬说，如果这三个课题在研究所都能有大的进展，自己就真的死而无憾了。

研究所初建时只有三四百平方米的工作区，后来逐渐"扩张"，直到1998年10月，研究所在四医大一幢新建成的医学研究大楼里占据了整整4层，占地面积4000平方米。

有了研究场地，研究工作如虎添翼，鞠躬恨不得把一天当作几天用，经常夜以继日地加班加点干。1995年，鞠躬被查出患胸腺瘤。当时研究所正在筹备建立一个中美信息转导中心，事务繁多。心急如焚的鞠躬感觉时间拖不起，手术后48小时，他便在病床上与研究所副所长等人一起商议筹建事宜。手术后一个月，鞠躬就登上了去美国访问的飞机。在美国留学的学生知道鞠躬刚刚动完手术，都感到十分震惊，由衷敬佩他工作中那种拼命的精神。

作为所长，鞠躬经常考虑的是研究所底子薄，基础差，资金短缺，尽量给公家省钱。建所初期，购置试验仪器是件浩大的工程。怎样买器

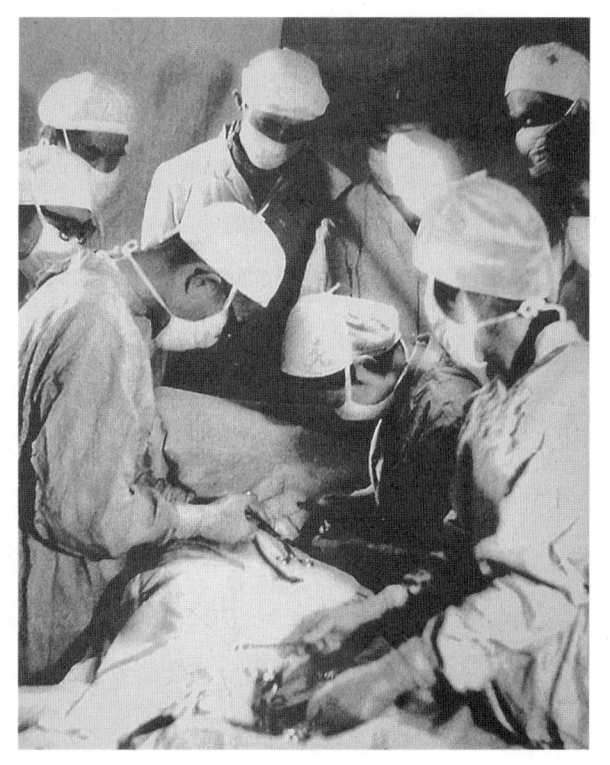

| 鞠躬带学生做手术

材，买哪儿的器材，鞠躬都一分钱一分钱地抠着算。甚至，他直接给厂家打电话，和人家砍价，他总能打动对方以便宜的价格买入那些宝贵的仪器。

除了先进的科学仪器，人才是鞠躬在建立研究所时特别在意的另一个方面。鞠躬爱惜人才，也善于发现人才。一旦发现一个业务冒尖的人，他认为就要对此人负责到底。他说："要把人才看成人类的共同财富！"

三、曾经留级却没阻挡他成为科学家

当初，鞠躬选择神经解剖学专业，来到第四军医大学时，没有一位神经解剖学教授。他在自学中不断钻研，跟上了这个学科的世界水平，并在世界前沿课题研究中屡屡取得突破性进展。

可是，令人想不到的是，鞠躬从事神经解剖学专业，却是命运和他开的一个善意的"玩笑"。1952年，鞠躬在湘雅医学院的大学生活即将结束，他选择了三门课程：生理学、微生物学和病理学，他始终觉得自己更适合搞研究工作。但当时军委卫生部委托中央卫生部到湘雅医学院招一名毕业生接着读解剖学专业。全班没有一个学生选择解剖学，这一问题的解决方法很简单，谁解剖学的得分高就挑谁，结果鞠躬就被挑中了。从此，鞠躬走进了那个与他结下不解之缘的显微镜下的五彩缤纷的世界。

然而，走进医学世界，鞠躬的领路人却是父亲。他还记得小时候经常好奇地翻看父亲那些大本的精装医书，有些还是日文的，"里面有些插图还很吓人"。有着医学知识、文学修养及出版经验的父亲还热心于科普工作，曾经写过《孩子们的灾难》《人体旅行记》等通俗医学读物。正是这些通俗易懂的医学读物，开启了鞠躬对医学知识的兴趣之门。

在长沙湘雅医学院，好奇心重的鞠躬非常喜欢神经解剖学和胚胎学。上胚胎学课时，老师有时需要用显微镜投影仪将胚胎切片中某个机构或器官投射到屏幕上讲解，并且需要连续更换切片逐张观察。而投影仪在教室后面，需要一个得力的助手来放置切片，找出观察部位，这对于学生来说不是一件容易的事情，但鞠躬出色地完成了这项工作。大学毕业前夕，鞠躬已经是一位品学兼优的学生了。

鞠躬说自己小学的成绩不算很好，认真读书时，也

1934年，鞠躬与父母及妹妹在一起

曾考过前一二名。但他不喜欢那些乏味的功课，上中学时还有过留级的"光荣"历史。鞠躬认为基础教育的重点应当是培养孩子的兴趣，把孩子们的好奇心渐渐转移到求知上来。正因为保持了可贵的好奇心与探索的勇气，鞠躬成长为一位在世界科技苑探索科学奥秘的科学家。

鞠躬认为，拥有创新思维是个人成才的关键，是衡量科学家才能的主要指标。创新思维的主要表现中最重要的一点就是洞察力，培养洞察力就必须尊重事实、尊重逻辑，避免主观的倾向。思考和分析是培养洞察力的手段。

★ 档案盘点 ★

戚发轫（1933—　），辽宁瓦房店人，著名空间技术专家，"航天十八勇士"之一。1957年毕业于北京航空学院（今北京航空航天大学）飞机系。中国空间技术研究院技术顾问，国际宇航科学院院士和国际空间研究委员会中国委员会副主席，全国五一劳动奖章获得者。中国工程院院士。

★ 卓越成就 ★

曾主持"东方红一号"卫星研制，"东方红二号"通信卫星研制，"东方红三号"第二代通信广播卫星研制；主持了"神舟"号飞船总体方案的制定，作为总设计师在解决卫星和飞船研制过程中的重大工程技术问题上发挥了指导和决策作用。

★ 人生语录 ★

爱国是高尚的，但不是高不可攀的，愿意把自己的智慧、时间、财富献给国家，就是爱国。

戚发轫

梦圆天地间

★★★★★

  戚发轫，这个名字在中国航天领域成了一个符号。他参加过中国第一颗卫星的研制工作，历任"东方红一号"卫星技术负责人，"东方红二号"卫星、"东方红三号"卫星总设计师，直至执掌设计"神舟"载人飞船的帅印。丰富的经历使他成为共和国航天事业发展史的谱写者和见证者。

一、爱梦：侵朝美军"炸"出的飞机梦

"发轫，原来是开始的意思。"今天，戚发轫如此诠释自己的名字："我是上中学后才明白了它的含义。起名的是位私塾馆的老先生。说来也巧，中国航天的许多第一都让我给赶上了——第一颗人造地球卫星、第一枚导弹、第一次两弹结合、第一枚运载火箭、第一颗通信卫星、第一艘载人试验飞船、第一艘真正意义上的载人飞船……"

戚发轫的高中是在大连读的。此时，正赶上朝鲜战争爆发，美国的飞机经常轰炸鸭绿江大桥，有时还轰炸沈阳，可就是不敢轰炸大连。这一奇怪的现象使戚发轫纳闷。老师的话解开了他心中的疑团，原来当时大连由苏联军队驻守，苏联有强大的空军和炮兵，美国飞机不敢来。戚发轫回忆说："抗美援朝时正上高中，那时美国的飞机在东北地区狂轰滥炸。大批的伤员被运到大连，我和同学帮助抬伤员时看着那些被炸得血肉淋淋的同胞，当时最强烈的想法就是，国家没有强大的空军，就没有制空权，就会被人欺侮。"于是，他发誓将来要为壮大中国的空军奋斗一生。

高考填志愿时，他报的三个专业全都是航空专业。"我这一生只做过一次选择，就是在1952年大学填报志愿时，选择了北京航空学院的飞机系。那时我们还没有航天专业，而这个选择我终身无悔。"戚发轫的理想终于实现了，他以优异的成绩走进北京航空学院的大门，成为飞机设计专业的一名学生。

因为高中没有毕业就考上了大学，连抛物线也没听说过的戚发轫，一开始学习比较吃力，但他知道用功，学习进步很快，成绩越来越好。大三那年，在同学们的拥戴下，他当上了团支书。在班上，最用功的戚发轫立志将来要造出世界上第一流的飞机，保卫祖国的蓝天不受侵犯。

二、入梦：没有"洋拐杖"照样攻顶尖

1957年，戚发轫大学毕业后即被选入刚刚组建的国防部第五研究院一分院，穿上了军装。在紧张的工作之余，一个叫姜福玲的姑娘悄悄走进了他的生活。姜福玲与戚发轫是大连老乡。戚发轫考入北航后，姜福玲也考进了天津纺织工业学校，1958年毕业后被分配到了内蒙古。这年5月17日，毛泽东在党的八大二次会议上提出中国也要搞人造卫星的号召。中国科学院就把人造卫星研制任务列为1958年科学研究发展规划的第一项重点任务，简称"581"任务。

此后，根据当时的形势，中央提出集中精力搞导弹，强调"两弹为主，导弹第一"。组织上准备选送戚发轫去苏联军事院校学习导弹的总体设计，便让他参加了俄语集训班。可等他专门学了几个月俄语，满心欢喜地准备赴苏时，上级又突然通知不去了，原因是苏方不接收军人。

为了学导弹设计，戚发轫只好脱掉军装。1959年，上级决定让戚发轫前往苏联莫斯科航空学院学习"导弹总体设计"。他怕这一走五六年，把终身大事耽误了。领导特批他先结婚。于是，戚发轫给姜福玲写了一封信，请求她做自己的新娘。1959年的十一，姜福玲从内蒙古赶到北京。两人在戚发轫的单身宿舍里，把两张行军床拼在一起，这就是他们的新房了。

蜜月过后，夫人姜福玲回到内蒙古，而等待赴苏的戚发轫却突然被

告知，因所报专业涉及机密，他被苏联拒绝了。"那时我国的航天事业可以说是一穷二白，连能发射卫星的火箭都没有。只有小型的近程导弹，计算机、电子等专业都很落后，整个国家的科技水平都很低。毕业后我被分配到国防部第五研究院，先下连队学技术。本来准备结束后到苏联学习，可我是军人，并且是学习导弹总体设计的，人家不愿意中国能够制造自己的导弹，发展中国的航天事业。因此，苏联不接收。"戚发轫回忆说，当初临行前还特地回老家看了看父母，可是人还未返京，不能赴苏学习的通知先到了。

没能去苏联学习，让戚发轫怅然若失；但因为这促成了他和心爱的人结合，总算对他是个安慰。随后，他打定主意，想跟在华的苏联专家学习。1959年中国还有苏联专家，戚发轫就跟着他们学习了几个月。不久，中苏关系恶化，苏联专家几乎是在一夜之间全部撤走了，并带走了所有图纸与资料……

一系列变故让戚发轫再次明白："中国的国防建设已被逼到了一个死胡同里，顶尖技术是买不来的，只有靠自己的力量，独立地发展我们的航天事业。"

离开了"洋拐杖"，戚发轫走上了一条自学的道路。搞导弹、导弹核武器，搞"长征一号"运载火箭总体设计，大学毕业后的10年里，戚发轫边学边干，整天与导弹和火箭打交道。尽管最初的理想是搞航空，但是戚发轫还是爱上了搞导弹，因为他知道，这个家伙敌人照样害怕。

"那时没有了苏联专家，钱学森先生那么大的科学家亲自给我们讲导弹概论。钱老说，航天工程，不是靠几个人就能做出来，它需要一批航天人才，要花精力培养一批航天人才才行。"望着讲台上"无论在哪里，都抵得上五个师"的传奇人物，台下的戚发轫生发出许多感慨。在这个培训班里，后来出了不少火箭、卫星专家，除戚发轫之外，还有王德臣、沈辛苏、钱振业等人。正是他们,使中国航天事业"从无到有"。

走出培训班的大门,戚发轫与他的同学们很快就"真刀真枪"地学以致用了。1960年,我国"东风一号"导弹在酒泉首飞成功,戚发轫荣立三等功。1966年,承担"两弹结合"任务的戚发轫在酒泉卫星发射场一待就是五个月。这年10月底,发射任务圆满完成,亲临发射场的聂荣臻元帅高兴地请研制人员吃手抓羊肉。伴着发射成功后的愉悦心情,第一次吃手抓羊肉的戚发轫,感觉羊肉的滋味别提有多香了。

三、追梦:"追星赶月"为叩太空之门

"两弹结合"任务成功完成之后,戚发轫又参与了我国第一枚运载火箭"长征一号"的结构和总体设计,他提出的火箭三级与二级分离方案,经飞行试验证明既简单又可靠。正当他准备在运载火箭领域大干一场的时候,聂荣臻元帅将他和另外17名骨干调往新组建的中国空间技术研究院。

受命于多灾多难的动乱年代,肩负着中华民族早日叩开太空之门的重托,"航天十八勇士"离开了自己从事多年的专业,二话没说,很快卷起铺盖,来到了新的岗位,投入"东方红一号"卫星研制的战斗。

1970年4月中旬,"东方红一号"卫星从北京运至酒泉发射基地之后,作为总体技术负责人的戚发轫开始超负荷忙碌。他要负责卫星发射前的总"体检",要了解卫星各个系统的"健康"状况……必须经过精细的检查测试,保证卫星与火箭的顺利对接。

卫星发射之前,戚发轫随钱学森、任新民、杨南生等前往人民大会堂向周恩来汇报工作,周恩来对卫星能不能入轨、入轨后能不能准确地唱

"东方红一号"卫星在厂房内进行测试

响《东方红》乐曲问得非常仔细。"周总理问,卫星到底能不能一次发射成功?我不敢打包票,就跟总理汇报说,凡是能想到的、在地面能做的试验我们都做了,都没有问题,就是没有经过空间环境的考验。"

"长征一号"运载火箭、"东方红一号"卫星完成发射前的测试后,就放在水平运输车上进行水平对接,准备转运至发射场。转场前,周恩来要求相关人员写个书面报告,等政治局讨论后决定是否转场。"我很紧张,跟总理说,来不及了。因为用的是蓄电池,之前我们只做过横放四天四夜的试验,现在卫星已经与火箭对接了,时间长了怕有问题。"戚发轫回忆说,"当时总理就问,为什么不多做点试验?你们搞总体的人要像货郎担子、赤脚医生那样走出大楼,到人家部件研制单位去,告诉人家怎么做,人家不就做了嘛!"这个意见让戚发轫终生难忘:"所以在以后的工作中,每次都老老实实地把总体的要求一样不漏地告诉分系统。"

"东方红一号"卫星研制条件很艰苦。戚发轫的主要任务是完善地面试验方案，但在完成试验的过程中，缺少的条件实在太多了。

"'东方红一号'的四根三米长的短波天线发射时是需要收拢起来的，上天解锁后靠卫星自旋力量甩出来，动作挺复杂的，轻了甩不开，重了又会因离心力太大而对天线结构造成不利影响。当年没有计算机仿真模拟，完全是靠地面试验。试验需要设备、场地，设备是我们自己研制生产的，场地当时受限于条件，就用中国科学院力学所的一个仓库。试验很危险，但是那时我们也没有任何专用的防护装置。做天线试验时，老同志每人拿个纸箱子盖挡着，从木板间的缝隙往外观察；年轻人就爬上（没有顶棚的）房梁，骑在上面往下看。"

戚发轫说，在当时的环境下，类似的情况还有很多。

"点火——"这年的4月24日21时35分，随着现场总指挥一声口令，乳白色的运载火箭尾部喷出一团橘红色的火焰，直冲云霄。"我永远忘不了发射那天，晚上天气一开始不太好，大家都很着急，直到21时，天空中的云层在发射轨道上裂开一道缝，悬着的一颗心才落了下来。"戚发轫说。

当火箭与卫星顺利分离时，那些从事运载火箭研制的科研人员欢声一片。发射基地的祝捷大会随即开始，戚发轫被安排在会上发言。周围有节奏的热烈掌声催促着他上台，可他心里却忐忑着，坚决不肯登台。"星箭分离只表明火箭发射成功，卫星呢？它还没有入轨，还没有传出悠扬的《东方红》乐曲。所以，搞卫星和火箭区别还是挺大的。"戚发轫说他当时必须耐着性子等待。

测控站报告：卫星顺利进入轨道。21时50分，新疆喀什观测站报告：已经收听到太空中传来的《东方红》乐曲，声音清晰洪亮——此时，激动万分的戚发轫一个跨步跳到台上，代表所有卫星研制人员抒发心声……

戚发轫说："我国的第一颗卫星、173公斤的'东方红一号'在酒泉发

戚发轫

射升空。这是我一生中最高兴的事，打上去了，入轨了，听到乐曲了……那些声音至今还在耳边。听到《东方红》乐曲飘出，是我这一生最激动的时候。"

中国航天事业从零起步，经过不断发展，中国进入航天大国的阵列。作为中国航天工业的重要参与者、见证者，戚发轫感触颇多。他说，每一个行业都有自己的精神。而几代航天人在实践经验中铸就的航天传统精神是"自力更生，艰苦奋斗，大力协同，无私奉献，严谨务实，勇于攀登"。

为了实现中国的航天梦，戚发轫毫无倦意地铿锵前行。他走的那条路，一头连着光辉的过去，一头通向辉煌的明天。

★ 档案盘点 ★

陈景润（1933—1996年），福建福州人，著名数学家。1953年毕业于厦门大学数学系。历任北京四中数学教师，厦门大学图书馆资料员、数学系助教，中国科学院数学研究所实习研究员，中国科学院大连化学物理所助理研究员，中国科学院数学研究所研究员，《数学学报》主编；第四届、五届、六届全国人大代表；曾被评为"100位新中国成立以来感动中国人物""改革先锋""最美奋斗者"。中国科学院院士。

★ 卓越成就 ★

在《中国科学》发表"1+2"详细证明，引起世界巨大轰动，被公认为是对哥德巴赫猜想研究的重大贡献，是筛法理论的光辉顶点，国际数学界称之为"陈氏定理"，至今仍在"哥德巴赫猜想"研究中保持世界领先水平。

★ 人生语录 ★

研究数学并非一条平坦的大道，而是一条布满荆棘的山路。

陈景润

"1+2" 成就的传奇

★★★★★

哥德巴赫猜想——"1+1",这道世界各国科学家为之前仆后继奋斗了200多年的古典数学难题,被一个中国人在20世纪60年代证明到最接近"1+1"的地步——"1+2"。

陈景润只用了三年,就把世界著名的哥德巴赫猜想推进到"1+2",而简化它却用了生命中九分之一的时间。陈景润的事迹在1978年以后被广为传颂,对形成尊重知识、尊重人才之风起到了重要作用,也让一大批青年学子深受鼓舞,坚定了科学报国的决心。

一、两位生命中的贵人

新中国成立后,百废待兴。1953年,陈景润在厦门大学毕业后,被分配至北京四中任数学老师。这不是他理想中的数学世界,对于数学研究的痴迷,加之性格内向,不善言辞,使他无法适应讲堂。在四中工作的这一年里,由于患有肺结核和腹膜结核症,他住院六次,做了三次手术。在这段时间里,研究华罗庚的《堆垒素数论》成了他生活的唯一寄托。

作为中学老师,陈景润的表现不能令人满意。1954年秋天,他被北京四中解聘,回到福州老家,摆了个书摊。正当陈景润决定一辈子以卖书为生,自学数学的时候,厦门大学又把他召回了。他在时任厦门大学校长

陈景润与同行讨论问题

王亚南的帮助下,回到厦门大学图书馆当管理员,病情也有了好转。

对于这样的安排,陈景润感激不已,他又可以沉浸在数学研究之中了。在图书馆工作之余,陈景润细心研读《堆垒素数论》数十遍,并反复阅读复变函数论方面的图书,掌握了科学的研究方法和技巧。

1956年,毛泽东向全国知识界、科技界发出"向科学进军"的号召,后由周恩来主持制定了国家科学发展的远景规划。厦门大学亦积极响应,组织数学系制定自己的科研工作规划,提出在12年内赶上或达到国际先进水平,而陈景润被安排担任"复变函数论"助教。

那时,陈景润所居住的宿舍"勤业斋"背山面海、环境宜人,他的邻居们或爬山或游泳,然而这些都与他无关,他总是安静地在图书馆或者房间里学习、研究、演算。

在熟读《堆垒素数论》的过程中,陈景润发现,第五章的方法可以用以改进第四章的结果,这便是当时数论中的中心问题之一——"他利(Tarry)问题"(也译为"塔内问题")。关于这一问题,华罗庚还曾在1952年《等幂和问题解数的研究》一文中专门进行讨论,提出"但至善的指数尚未获得,而成为待进一步研讨的问题"。而陈景润将其解决了!

由于他利问题的出色研究,这个貌不惊人的年轻人令华罗庚感到惊喜。陈景润得到去北京参加当年8月召开的全国数学论文报告会的机会,并在会上宣读论文。

8月,全国数学论文报告会如期举行。北京大学一间教室内,陈景润走上讲台的那一刻,紧张得几乎讲不出话来。他在黑板上写下了题目,之后没再讲话,只是在黑板上演算起来,台下开始议论纷纷。同行的李文清教授不禁为他着急,便上台帮助他补充讲解。随后,华罗庚发言充分肯定了陈景润论文的意义和价值。台下的听众开始鼓掌,此时的陈景润才如释重负。

这年8月24日的《人民日报》报道了这次大会，并特别指出："从大学毕业才三年的陈景润，在两年的业余时间里阅读了华罗庚的大部分著作，他提出的一篇关于'他利问题'的论文，对华罗庚的研究成果有了一些推进……"

不久后，陈景润又在《厦门大学学报》上发表了论文《关于三角和的一个不等式》。与此同时，华罗庚极力推荐他到中国科学院数学研究所工作。1957年9月，他正式从厦门大学调到北京，成为中国科学院的一名实习研究员。

晚年的陈景润

当陈景润看到数学所的图书馆陈列了各类中外文书籍时，十分激动。为了更好地阅读与理解最新的成果，他为自己制订了外语学习计划：巩固英语、俄语，学习德语、法语。他还在凌晨3点起来收听外语广播，为了不打扰舍友、专心做研究，他还搬到了约3平方米的厕所住了两年。

1959年3月，他在《科学纪录》上发表关于华林问题的论文，填补了数论史上的另一处空白。在那一方厕所里，他先后完成了华林问题、三维除数问题、算术级数中的最小素数问题等多篇论文。他时有被锁在图书馆彻夜读书的情况，又或被锁之后因宿舍里有未解完的题目不得不向人求助；或排队理发时又跑去图书馆查找资料至日落；为了证明一个引理，他会同时采取几种甚至十余种方法，通过不同的途径反复演算……

陈景润惜时如金、长期忘我工作，而与他的研究工作"齐头并进"的，还有他的腹膜结核病。然而，在数学研究面前，一切似乎都不能成为阻碍。

二、书写数学史上的传奇

数学家王元与陈景润相识于 1956 年秋。王元 1952 年毕业于浙江大学,随后到中国科学院数学研究所跟随华罗庚学习数论。王元曾回忆说:"陈景润到数学所后很努力,但最初研究的不是哥德巴赫猜想。哥德巴赫猜想是我的领域,他做的是球内整点问题、华林问题等。他在这些领域都做出了很好的工作,发表了论文。"

在"大跃进"运动的裹挟下,1959 年数学所批判白专路线,华罗庚及其弟子陈景润首当其冲成为批判重点,结果陈景润被"踢"出数学所,到中国科学院大连化学物理研究所洗瓶子。运动过后,华罗庚又想起了他,把他从大连调了回来。如果没有华罗庚为陈景润第二次调动工作,那么陈景润后半生辉煌的哥德巴赫猜想研究就不存在了。

1963 年,陈景润在《数学学报》上发表了题为《圆内整点问题》的论文,改进了华罗庚的结果,因而得到华罗庚的赏识。此后,陈景润认真研究中外数学家的优秀成果,在若干数论问题上得到了重要的结果,并开始向"哥德巴赫猜想"发起挑战。

大约在 1962 年,陈景润开始涉足王元的研究领域——哥德巴赫猜想,王元则是陈景润论文的最初审阅人和有力支持者。1965 年初,陈景润将关于哥德巴赫猜想研究的手稿给王元看,王元说:"当他的手稿到我手上时,我想了几分钟就懂了,可我不相信这个想法会做出来。后来想了想,这篇文章中只有他用的苏联数学家一条定理的证明我没有看懂,其他都没有错误,就觉得他是对的,但这篇文章的发表不是我签字的。最后,关肇直和吴文俊支持他发表这个工作成果。后来，意大利一位数学家用简单方法证明了我认为有问题的那个定理，同时，苏联数学家也发表文章对其工作作了修正，这样一来，陈景润的文章就没有任何问题了。"

早在 1920 年，挪威数学家布朗通过一种筛法证明了"每一个大偶数是两个素因子都不超过九个的数之和"，以及"九个素因子之积加九个素因子之积'9+9'是正确的"；之后"6+6""5+5""4+4""3+3"不断被证明……1957 年，中国数学家王元证明了"2+3"。以上证明都有一个弱点——其中两个数没有一个是可以肯定为素数的。

1962 年，中国数学家潘承洞证明了"1+5"；同年，王元、潘承洞二人证明了"1+4"。1965 年，阿·维诺格拉多夫、布赫夕塔布和意大利数学家朋比尼都证明了"1+3"。似乎距离哥德巴赫猜想顶峰只有一步之遥。而陈景润也在一直演算着。

维诺格拉多夫认为自己所运用的"筛法"已经到达极致，如果再往前走，必须另寻道路。而陈景润仔细分析后决定改进"筛法"，继而向"1+2"冲锋。

当时数学所条件不是很好，几个人共用一个宿舍。为了更好地工作，陈景润独自搬进了一个仅有六平方米的锅炉房，里面只有一张木板床，没有桌子和椅子。这张木板床就成了陈景润的工作台——工作时将被子掀到一边就算是一张桌子。国外科学家拥有高速的电子计算机，陈景润只有一支笔，复杂的科学演算全靠笔算。但对于这一切，陈景润毫不在乎，他乐此不疲，痴迷于他的数学研究。

1966 年春，陈景润写了关于哥德巴赫猜想"1+2"的论文摘要。在关肇直、吴文俊的支持下，陈景润的论文摘要发表在停刊之前最后一期，即当年 5 月 15 日出版的《科学通报》上，但由于只是大致的概括，没有提供具体证明，因而并没有引起学术界的轰动。国外数学家都知道陈景润宣布的这个研究结果,但谁也不相信是真的。

不过,其中的证明过程太复杂了,陈景润又试图简化证明过程。正是陈景润要修改他的论文的当口儿,"文化大革命"爆发了,陈景润被卷入了政治革命的历史洪流。

1968年9月底,他的这个六平方米的家被抄了,他视作比生命还重要的哥德巴赫猜想"1+2",研究手稿全部被毁,他被"请进"了"牛棚"。面对极端的混乱,陈景润再一次"躲"进了书中。

告别"牛棚"后,陈景润回到了那间六平方米的小屋。小屋中的电线全部被扯断,陈景润就用煤油灯照明。就是在这种环境下,陈景润从头再来,又走在了攻克哥德巴赫猜想的路上。

几年里,陈景润把自己关在这个六平方米的小黑屋里。这几年也是陈景润创造辉煌的关键时期,他简化了此前自己给出的哥德巴赫猜想"1+2"的证明过程,将论文长度从原来的200多页减到了20多页。他的一位朋友如是评价:陈景润并不是天才,而是"慢才",一个问题马上要他答出来,他讲不出,但几天后,他的回答最为深刻;他不是阳光普照,却似激光一束穿透钢板。

1972年冬天,证明"1+2"的论文结稿。随后,他将"1+2"证明全文投给《中国科学》,该文被送交中国科学院数学所数论组负责人王元和北京大学教授、数学家闵嗣鹤审查。最熟悉这方面研究的人是数学家潘承洞和王元,但那时他们彼此都不敢来往,王元只能独立审查。王元说:"因为这是个大结果,为了慎重起见,我就叫陈景润从早晨到晚上给我讲了三天,有不懂的地方就在黑板上给我解释,讲完了,我确信这个证明是无误的。"

但审稿意见的签署并非易事,如果不明哲保身,那么有可能搭上自己的命运和前途。当时搞纯理论研究被看成搞封建主义、资本主义……

"如果支持'1+2'发表,轻则受到批判,戴上'复辟封资修''反攻倒算'等帽子,重则后果难测。不支持呢,让这样为中华民族争光的数学成果埋没掉,良心上过不去。"王元说,"经过反复思考,我决定支持'1+2'尽快发表,在'审稿意见'上写下'未发现证明有错误'。"闵嗣鹤也支持发表。这样,陈景润的论文终于发表在1973年3月15日出版的《中国科学》英文版(第16卷第2期)上,题目是《大偶数表为一个素数及一个不超过二个素数的乘积之和》,即哥德巴赫猜想"1+2"的详细证明。陈景润对闵嗣鹤和王元给予自己的支持感念于心。在这篇哥德巴赫猜想研究领域具有里程碑意义论文的致谢中,陈景润写道:"作者对闵嗣鹤同志和王元同志给予的帮助,表示衷心的感谢。"

这项成果后被誉为"陈氏定理",从此"陈氏定理"成为世界数论专著中不可缺少的一章。直到陈景润成功之后,人们才发现他床底下有三麻袋多的草稿纸。更让人不可思议的是,1965年,布赫斯塔勃等证明"1+3"用的是大型高速计算机,而陈景润证明"1+2"是独自一个人,完全用手工计算!陈景润凭着不懈的追求和惊人的毅力书写了数学史上的传奇!

三、"感动中国人物"的最后岁月

1984年4月27日,陈景润去一家书店寻找新的研究资料,他和平时一样,低着头,边走边思考。一个小伙子骑着自行车从远处急驰而来。随着"啊——"的一声惨叫,还没有明白怎么回事的陈景润倒在车前。在被送往医院的路上,陈景润苏醒过来,他意识到自己头部受了伤,正被送往医院。"去中关村,去中关村医院!"身受重伤的陈景润怕让别人负担医疗费用，坚持要到他的公费医疗单位——中关村医院。

在医院里，陈景润喃喃地重复着："他不是有意的，不是有意的，不要处分他。"医生初步诊断：后脑撞伤，严重脑震荡。这次大脑受创，给陈景润带来了意想不到的致命伤害。第二年，陈景润患上了帕金森综合征。从此，长期的病房生活成为他晚年生涯中重要的生活形式。他的夫人由昆说："被自行车撞倒的事情发生后，先生想的不是自己的健康和安全，而是不希望因此事影响一个青年的前途和未来，所以一直要求小伙子所在的单位'不要处分他'。第二年先生得了帕金森综合征，医生诊断这病和先生曾经被撞、后脑勺着地，导致大脑枕叶受损有很大的关系，至少那是一个诱因。但是先生从来不那样想，他从不埋怨任何人，在他的心里，自己的安危远没有他人的前途重要，这是他一贯的作风。"

在由昆眼里，陈景润永远是先人后己，他不仅是好丈夫、好父亲，还是一个胸怀宽广、心存大爱的大丈夫。陈景润患了帕金森综合征，长期

▎1994 年 5 月 22 日，陈景润生日时的全家福

住院。为了照顾他，领导决定由昆不用上班，专职照顾他。当由昆把这个好消息告诉陈景润时，陈景润坚决不同意，他说："你一定要去上班，你是部队培养出来的，光为我一个服务不可以。另外，我生病已经影响了工作，如果两个人都不工作的话，心里就更过意不去了。"由昆后来回忆说，特别感谢陈景润的坚持。如果她当时脱离了工作，就会与社会脱节，那么，她就变成了没有一技之长的家庭主妇。

陈景润生命的最后 10 余年基本上是在医院度过的，王元多次去看他。1996 年 3 月 18 日晚，王元和数学家杨乐到北京医院去看他，这是他们之间的最后一面。3 月 19 日，陈景润与世长辞。他为科学事业作出的最后一次奉献是：捐赠遗体供医院解剖。

2009 年，陈景润当选"100 位新中国成立以来感动中国人物"之一。2018 年，党中央、国务院授予陈景润"改革先锋"称号，颁授"改革先锋"奖章。2019 年，陈景润入选"最美奋斗者"。

★ 档案盘点 ★

顾心怿（1937—2024年），上海人，著名石油矿业机械专家、胜利油田发现和发展的直接参与者和见证人。曾任胜利油田机械技术员、机械工程师、科技攻关队长、教授级高级工程师，中国石油化工集团公司胜利石油管理局钻井工艺研究院研究室主任、研究所副所长、研究院副院长、总工程师。曾获山东省科技最高奖、国家科技发明奖、国际专利和新技术新产品展览会金奖、何梁何利基金科学与技术进步奖、全国五一劳动奖章，被评为石油工业特等劳模、全国劳动模范、全国重点表彰的优秀科技工作者、国家有突出贡献的科技专家。中国工程院院士。

★ 卓越成就 ★

参加了华北地区早期石油勘探和胜利油田的发现、开发及建设，首创适合开采深部油层和稠油的链条抽油机，研制出我国第一艘浅海坐底式石油钻井船"胜利一号"，发明步行坐底式钻井平台，发明液压蓄能钻井机。

★ 人生语录 ★

思索成为我的一种习惯，一种享受。思索是加工过程，而原材料却只有来自经验、来自书本、来自群众、来自实践，思索出办法，出灵感。

顾心怿

我为祖国找石油

★★★★★

  从20世纪50年代华北地区第一口钻探井开始,顾心怿参加了该地区早期石油勘探和胜利油田的发现、开发及建设的全过程。追求真理、创新开拓、淡泊名利、乐于奉献、朴实严谨,这20个字是他给人留下的深刻印记,也是他的魅力所在……

一、发誓把中国贫油的帽子甩到太平洋

1956年从中央燃料工业部干部学校毕业后,顾心怿奔向戈壁大漠玉门油田。在祁连山北麓卷着砾石风沙的玉门油田,任俄语翻译的顾心怿平生第一次见到了石油井。

旧中国的石油工业十分薄弱,1949年,全国原油年产量只有12万吨。新中国成立后,石油的短缺严重制约了国民经济的发展。20世纪50年代末,党中央、国务院果断作出石油工业战略东移的重大决策。

仅仅过了三个月,顾心怿就接到上级通知,要他马上离开玉门,去刚成立的华北石油钻探大队工作。数天后,顾心怿来到了华北大平原上的河北省南宫县(今南宫市)明化镇,他的新任务是给"华一井"的苏联石油专家当翻译。可是没几天,顾心怿发觉,光是精通俄语还不行,要想做好翻译,充当好中国员工与苏联专家之间的语言桥梁,必须把苏联专家的技术弄个明明白白才行;自己要是不明白,那是无法把苏联专家的"话"给中国员工交代清楚的。顾心怿开始抓住一切机会向苏联专家学习。

1957年夏,正在钻探的"华一井"出现严重的井漏,泥浆循环没有了,井打不下去。就在此时,苏联政府突然通知苏联专家立即撤离中国。顾心怿看在眼里,急在心里。从那时起,他意识到中国要发展石油工业,必须有自己的技术、自己的专家。从那时起,顾心怿萌生了刻苦学习钻井技术、当一名石油机械专家的愿望。

苏联专家走了,顾心怿这个俄语翻译也就没有了工作的对象,组织上要他回北京工作,顾心怿却不想回。他给自己所在的单位——石油工业部专家工作室去信说自己学过机械专业,一年多来又跟苏联专家学到了不少钻井技术,留在钻井队比较有用。石油工业部批复电文,同意顾心怿继续留在钻探大队工作,并任钻井机械技术员。这时,顾心怿发誓要把中国贫油的帽子甩到太平洋去。

哪里有油井,就到哪里去。为了在广阔的华北平原找到大油田,从"华一井"开始,我国的石油普查勘探队伍先后转战河北、河南、山东,又打了华二井、华三井、华四井……在如此长时间大跨度的勘探施工中,不管在哪儿,当勘探井出了设备故障或是机械故障时,井场上总能见到顾心怿的身影。

二、从"华八井"到新型链条抽油机

1960年,中国正处于三年困难时期,外部的经济封锁和国内的自然灾害,考验着年轻的共和国。国人企盼着石油给国民经济"补血",中国的石油工业就在这一年豪迈地起步了。在东北松辽平原上,一场石油大会战轰轰烈烈地展开。几乎同时,胜利油田的第一支钻井队也悄悄地开进了黄河口上的东营村。

1961年2月,东营地区第一口探井——"华八井"开钻,见到了良好的油气显示。为了保证顺利钻探,当时已是华北石油勘探处济南机修厂技术负责人的顾心怿主动请战,带上几名工人赶到东营。

这年4月16日,在黄河入海口处的一个小村庄,发生了一件足以让全中国人激动的大事。可是,因为当时特殊的国际环境,直到13年后,这一消息才被公之于众:我国又在山东省境内发现一个大油田——胜利油田。

当"华八井"取岩芯时，老式的苏制取芯工具内径太小，松散的油砂岩芯怎么也取不出来。井队队长对顾心怿说："你是搞机械的，能否帮我取岩芯？"顾心怿把负责钻井的工人召集起来，讨论解决方案。有个工人说："苏联产的岩芯管太细。"听了这话，一个直觉突现在顾心怿的脑子里：既然太细，那就把细的搞粗。在极其简陋和困难的条件下，顾心怿不几天就设计、制作出了比原先岩芯管断面面积增加了4倍的新岩芯管。工人们用了顾心怿设计的岩芯管，成功地取出了东营地区第一筒油砂岩芯，使"华八井"成为华北地区第一口出油井，并作为胜利油田的发现井载入新中国石油工业发展的史册。

"那是工人们第一次见到石油，每个人都用粗糙的手把原油瓶子摸了一遍。"大直径取芯工具是顾心怿取得的第一项科技成果，它使顾心怿第一次真切感受到科学技术的巨大威力。

1961年4月16日，已经成为胜利油田永恒的记忆，也是当时仅仅12岁的共和国引以为豪的日子。1963年，在第三届全国人民代表大会第四次会议上，周恩来代表中国政府向世人庄严宣布：中国人靠洋油过日子的时代，一去不复返了。

"华八井"出油后，顾心怿就留在这一片当时十分荒凉的盐碱滩上，与大家一起开发出了我国第二大油田——胜利油田，并建设起了一座美丽的新兴石油城——东营市。

1963年起，顾心怿参加了钻井刮刀钻头的研究设计，研制出"千米钻头"，即一次下井能钻凿1000米以上深度的创纪录的钻头。

1964年1月25日，党中央、国务院正式批准在东营地区展开继大庆油田会战之后的又一场大规模的石油勘探开发会战，顾心怿被任命为工程师，并担任胜利油田采油攻关队队长。为解决游梁式抽油机（俗称"磕头机")对稠油和深井采油效果不太理想的难题,1966年,油田决定研制一种新型抽油机,这个重担又落在了顾心怿肩上。

为了集思广益、另辟蹊径,顾心怿找有经验的同志座谈讨论,试图找出新方案。他们提出许多想法,不一定切实可行,但大大拓展了顾心怿的思路。其中一位老师傅提出自己家乡采用的解放式水车,对顾心怿很有启发。他想:用这种落后的水车在很深的油井中抽油是不可能的,但是,解放式水车的链节一上一下地作长行程运动,抽油机不也需要长行程吗?于是经过刻苦探索,"链条抽油机"草案设计出来了。

就在这时,"文化大革命"开始了,顾心怿顶着压力搞后续设计。顾心怿除了吃饭睡觉,就是工作学习,连出差、开会、上井候车乘车的时间,都是他思考设计的时间。十年"文化大革命",他却抓住"靠边站"的机会,阅读了数百本专业图书,和采油工人进行过数百次交谈,终于在

顾心怿(左三)与同事一起研究图纸

1973年制成世界第一台新型链条抽油机。这项成果1978年获得全国科学大会奖，1980年获得国家发明奖二等奖。美国《世界石油》杂志撰文说："在中国的胜利油田，我们惊奇地看到了中国工程师设计的链条抽油机。"

三、"胜利"昂首阔步迈向大海

20世纪70年代中期，胜利油田揭开了从陆地向渤海湾滩海地区要油的序幕。由于没有浅海石油钻井设备，起初全靠人工挖泥筑堤坝，围海造田，再打井采油。

一天，顾心怿去赶海，作现场实地调查。他们乘坐的小艇被搁浅，一蹲就是三天。这时，一位船员接到了家中发来的紧急电报，要他马上回家，他只得涉水上岸。顾心怿从望远镜中看到他踏上海堤，走上陆地的一瞬间，突然想到在搁浅的情况下，人能一步一步地走上堤岸，那船呢？为什么不能造一条会走路的钻井船呢？顾心怿将这个设想告诉周围的同事，他们都感到惊奇。

顾心怿几经推敲，反复论证，觉得每道工序都是科学的，每一个设计程序也都是合理的。他将自己设计的草图交给钻井研究院。院领导研究认为，设想是大胆的，有价值的，又是国家急需的，于是支持了他。

在石油工业部和胜利油田领导的支持下，顾心怿从海洋环境、海洋气象、海洋地质到船舶原理、船体结构等，凡是造船涉及的知识他都认真学习。经过1000多个日夜的刻苦攻关，1978年10月，我国第一艘坐底式石油钻井船"胜利一号"终于顺利下水，在第一口试验井上，拖航、坐底、钻井、起浮、退场取得一次成功——我国有了第一艘浅海坐底式石油钻井船。

"胜利一号"建造成功,填补了我国浅海钻井装备的空白,开创了我国浅海勘探的新局面。然而,正当"胜利一号"顺利地打成一口又一口探井时,1979年11月25日,发生了震惊全国的"渤海二号"沉船事故。海上作业平台的安全问题被严正地提出来,不少平台都停止了海上作业。对"胜利一号"究竟还敢不敢用也发生了争论,顾心怿一再用设计数据说明"胜利一号"不会翻沉。当时的石油工业部作出决定:作一次修理整改并经船检合格出证后继续使用。

修理整改工作完成了,船检局却不给出证。于是,顾心怿去船检局问个究竟,验船师说:"进口的'渤海二号'都出事了,你这条船要简陋得多,我怎么给你出证?"一腔忠诚爱国之心使平素沉稳谦虚的顾心怿与验船师发生了争论,他动情地说:"现在,在海上已经没有一条中国自己造的钻井船在工作了。中国这么大的海域光靠外国行吗?我们的'胜利一号'还想出海找油。我强烈要求你检验。如果确实不合格,你可以给我不合格的证明,我报废它,再造好的;如果能用的话,你应该支持我,为我们国家争口气!"顾心怿对祖国的热爱与忠诚感动了船检局领导。经请示船检总局,顾心怿的想法获得了支持。船检局在当时严峻的形势下受理检验,并经进一步整改后出证放行。

为了使平台上的同志出海时放心,顾心怿随船出征,使"胜利一号"成为当时唯一在使用的国产钻井船。该船达到了设计使用年限,取得了丰硕的勘探成果。1987年,该成果获国家科学技术进步奖三等奖。

渤海湾极浅海区域有着丰富的油气资源,然而,这里涨潮一片水,退潮一片泥。顾心怿研制的"胜利一号"已经解决了2—5米海域的钻井勘探问题,但在两米以内的浅海滩就会陷进泥潭里,寸步难行。扩大这一地区的勘探区域,迫切需要新型钻井船。顾心怿经常思索这个问题。

1988年秋，会走路的世界上最大的"机器人"在青岛北海船厂建造成功。这个"机器人"就是顾心怿设计的第二条钻井船——极浅海步行式钻井平台"胜利二号"。

9月19日，伴随着一阵鞭炮声，"胜利二号"晃动着两只比篮球场还要大的大脚板，像个蹒跚学步的孩子，扭动着4000多吨重的躯体，以10米一跨的步伐一挪一闪地向着大海走去。

"胜利二号"独具的"步行爬滩"技术，满足了海陆过渡带石油勘探开发的需要。该项成果获1991年中国专利金奖、1992年全国十大科技成就奖和1995年国家发明奖二等奖。顾心怿是首位发明人。正是以"胜利一号""胜利二号"为开端，胜利油田浅海采油从无到有，年探海采油折合产值约70亿元。

在半个多世纪的征程中，顾心怿留下了一串串闪光的足迹，和其他默默无闻的石油科研工作者一起在石油装备领域里夺取了一个又一个全国第一、世界第一。

2024年1月2日，这位著名的石油矿业机械专家、胜利油田发现和发展的直接参与者和见证人在济南逝世，享年87岁。"不懈创新，才能使我国石油装备研发制造实现质的飞跃，使我国成为世界石油装备强国。我愿在有生之年，为石油事业再干一点力所能及的工作，为伟大的祖国再作一点贡献！"他生前的话还在世间流传。

★ 档案盘点 ★

王选（1937—2006年），江苏无锡人（生于上海），著名计算机文字信息处理专家，当代中国印刷业革命的先行者，被称为"汉字激光照排系统之父"，有"当代毕昇"之誉。1958年毕业于北京大学数学力学系。历任北京大学计算机科学技术研究所教授、博士生导师、所长，文字信息处理国家重点实验室主任、电子出版新技术国家工程研究中心主任，方正技术研究院院长、方正控股有限公司董事局主席，以及中国科协副主席、中国国际交流协会副会长，全国人大常委会委员、人大教科文卫委员会副主任委员、全国政协副主席、九三学社中央副主席等职。中国科学院院士、中国工程院院士、第三世界科学院院士。

★ 卓越成就 ★

针对汉字字数多、印刷用汉字字体多、精密照排要求分辨率很高所带来的技术困难，发明了高分辨率字形的高倍率信息压缩和高速复原方法，并在华光Ⅳ型和方正91型、93型上设计了专用超大规模集成电路实现复原算法，改善系统的性价比。领导研制的华光和方正系统在中国报社和出版社、印刷厂逐渐普及并出口，为新闻出版全过程的计算机化奠定了基础。

★ 人生语录 ★

一个人必须把自己的工作和国家的前途命运联系在一起，才有可能创造出更大的价值。

王 选

"当代毕昇"的光环背后

★★★★★

战国时代用来写字的竹简、东汉蔡伦发明的造纸术和北宋毕昇发明的活字印刷术,这些都是中华文明传播史上的里程碑。诞生于改革开放时期的汉字激光照排系统,应该算是另一个里程碑,这一成果使中国的印刷业从此告别了铅与火,迎来了光与电时代。引发中国印刷术第二次革命的科学家,就是"当代毕昇"王选。

一、一鸣惊人："领跑人"原本是个"局外人"

1974年8月，经周恩来批准，国家计委确立了"汉字信息处理系统工程"这一国家重点科技攻关项目，并将其命名为"748工程"。下设三个子项目，分别是汉字通信、汉字情报检索和汉字精密照排。此时，承担汉字精密照排项目研究的有五家单位，没有北京大学，当然也没有北大的王选。

汉字精密照排究竟应该选择什么样的研究目标，采用什么样的技术路线呢？五家研究单位各有各的看法，有的选择二代机，有的选择三代机。1975年盛夏的一天，38岁病休在家的王选无意中从夫人嘴里听到了"748工程"，听到了这个工程包括"汉字精密照排"项目。仿佛冥冥之中自有定数，王选一下子就认定了这个项目，他说："我就要搞这个。"

调动自己多领域的知识储备和良好的外语基础，王选广泛研究，分析了激光照排在国际国内的发展趋势，大胆提出跳过目前正在攻关的第二代、第三代照排机，直接研制当时尚无样品的第四代激光照排系统。

他的方案在论证会上因被认为是"数学游戏"而遭淘汰。王选在会上，身体虚弱得连说话的力气都不够，方案是夫人陈堃銶代为介绍的。回家后，陈堃銶开玩笑说："咱们还是算了吧。"王选却认真地回答："干！不到长城非好汉。"王选硬是从1975年干到1993年。为了科研，他全身心地投入计算机激光汉字编辑出版系统的研制。经过18年的苦熬与坚持，终于，他攻下了汉字激光照排的世界性难题。

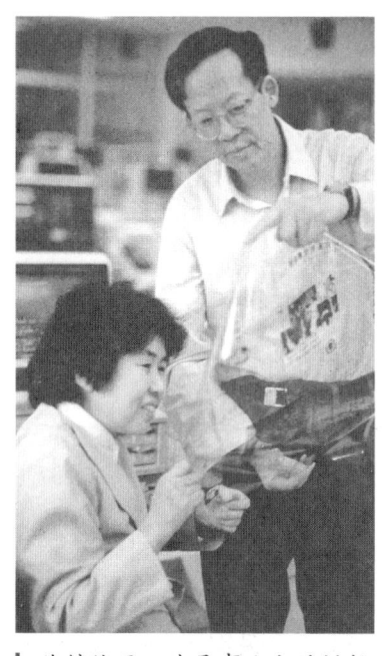

陈堃銶同王选是事业上的搭档

"那时候我就看到这个项目将给印刷业带来一场革命,这场革命发展下去出现的将是出版形式和出版内容的更深远的革命。它将会影响人类的知识表达和知识利用的方式,将影响下一代的教育。"

汉字的常用字有 3000 多个,印刷用字体、字号又多,每种字体起码需要 7000 多字,这样印刷用汉字头数高达 100 万以上,汉字点阵对应的总储量达 200 亿位!然而,当时科研条件十分简陋:国产计算机内存是磁芯存储器,最大容量为 64kB;没有硬盘,只有一个 512kB 的磁鼓和一条磁带。要想实现庞大的汉字字形信息的存储和输出,在许多人看来真是天方夜谭!

"我选择激光照排这个项目,采用了与众不同的技术途径,原因是我有数学方面的基础,又有软件和硬件方面的实践,同时我又比较精通英语。"王选凭借自己渊博的学识以及对国外技术发展的充分了解,想到了信息压缩。那些日子,王选废寝忘食,满脑子的汉字横竖弯勾,着了魔似的盯住所有视野里的汉字,连做梦也尽是笔画,终于想出了用数学方法计算汉字轮廓曲率的"高招"。经过 8 个月呕心沥血的奋斗,他就像一位魔术师,让庞大的汉字字模的信息量减少到原来的 1/500,扫清了研制汉字精密照排系统的最大障碍。不久,他又发明了汉字字形信息高速还原技术、不失真的文字变倍技术。

"那期间,我花大量的时间到距北大十几公里的中国科技情报研究所查阅文献资料，那些资料基本上我都是第一读者，从来没有人借阅过。从那些资料中，我看到了二、三代照排机的危机，中国无论研究哪一代机型都是落后的、过时的，我也看到了数字式储存和数字式输出的广阔前景。"那些外国资料，使王选的眼光具有了穿透力，于是他盯上了第四代激光照排系统。他跳过前三代机，直接向国外最先进的第四代激光照排机发起冲击。四代机的发展在国外用了整整40年，而王选则想把40年历史压缩进他的照排机蓝图里。

　　历经无数个日夜的艰辛研发，他终于修炼成正果，在白热化的国际竞争中脱颖而出。1979年7月27日，精密汉字照排系统的第一台样机调试完毕。大家围在样机旁，紧张地注视着它的动作，机房里只有敲击计算机键盘发出的嗒嗒声。转眼间，从激光照排机上输出了8开报纸的一张胶片，王选怀着兴奋而紧张的心情接下这张可以直接印刷的胶片，各种精美的字形、字体、花边、图案美不胜收。1980年，支持这套系统的电脑软件，包括具有编辑、校对功能的软件也先后研制成功，并排印出第一本样书《伍豪之剑》；1981年7月，中国第一台计算机——激光汉字排版系统原理性样机通过国家部级鉴定；1985年，这项发明被列为年度中国十大科技成就之一；1987年5月22日，《经济日报》出版了世界上第一张完全采用计算机屏幕组版、整版激光输出的中文报纸，率先甩开了古老、落后的铅字作业；1987年10月，王选荣获中国首届毕昇奖和森泽信夫印刷奖，他发明的照排系统获国家科学技术进步奖一等奖……

二、独辟蹊径：无人区最能出成果

王选在谈及一生中的几次重要抉择时说："1961年，我作出了一生中最重要的选择，从硬件转向软件，但不放弃硬件，而是从事软、硬件相结合的研究，以探讨软件对未来计算机体系结构的影响。"

早在大二分专业时，王选便有了独辟蹊径的意识，他撇开纯数学专业及力学专业，而死心眼地选择了人家认为"跟计算机打交道没有意义，很枯燥，没有高深学问"、刚刚兴起的计算数学专业。

1958年7月，一脚踏进"冷门"专业的王选大学毕业后，在北大开始了长达22年的助教生涯。当时北大正研制一台中型电子计算机——红旗机，王选为主要设计人员。这段时间，他先后借阅百余篇国外文献原文，对世界计算机发展的状况了然于心。为此，王选养成了一个习惯，即确立一个科研项目之前，一定要大量查阅最新文献，寻找科技发展最前沿的需求，发现已有技术的不足。

"令我不解的是，为什么看到国外有好的材料、好的设计，我们却只能停留在欣赏的地步，不能有自己的思想、自己的创新呢？"后来，王选发现自己不懂得应用，不了解计算机的应用，不了解程序设计。于是，他在有了几年硬件研究的基础上，投身到程序设计、程序自动化这些软件研究方面。"做软件与硬件结合的项目，使我豁然开朗，上升到一个新的境界。"

寒来暑往，他把行李搬到实验室，晚上睡在办公桌上，天亮后铺盖一卷，接着画图。他有时连续工作20小时，调试最紧张的时候通宵达旦干了 40 个小时。那是段不知疲倦的日子,伴随着日夜难以忍受的饥饿。他垮下来了。"结节性动脉周围炎"使他低烧不退、胸闷憋气,连呼吸都困难。病倒了的王选无奈中长期卧床。然而,他却一分钟也没有舍弃自己的事业。在那些病痛与心痛接踵而至的日子里,在病床旁的小桌子上,他完成了 ALGOL60 编译系统及双重纠错码……他找到了创造的源泉。"红旗机"尽管最终未能投入正式使用,但已经显示出王选非凡的才华和忘我的拼搏精神。

就在那次同命运搏击、向事业首攻时,王选结识了人生的伴侣与事业上的知己——北大青年女教师陈堃銶。1967 年 2 月 1 日,而立之年的王选与陈堃銶在北大一间不足 10 平方米的小屋举行了简朴的婚礼。陈堃銶每天在椅子上铺一床棉被,把重病的王选安置在椅子上面,王选就靠在椅背上面对阳光喘息。他们由最佳的科研搭档而相知相爱相结合,一同走向了坎坷相伴而又不失辉煌的风雨人生。几十年来,两人患难与共、相濡

| 王选夫妇在计算机机房工作

以沫，伉俪情深。"没有她，我的成功是难以想象的。"相同的领域、共同的志趣与追求，他们并肩战斗在北大"748"工程研制组，走过人生大部分青春年华。

三、顶天立地：从逐鹿书斋到决战市场

励精图治十几年，激光照排系统赢得欢呼、赞誉。望着眼前的原理性样机，王选仍感到心头沉重。"尽管项目通过了鉴定，得了奖，但国家给这项科研投资了上千万，如果成果变不成钱，我们就欠了国家的债。"正是这种社会责任感，使王选开始关注这项新技术如何转化为生产力。

然而，王选崛起的年代，科研与生产、市场脱节还是一种普遍的现象，甚至关注市场很可能被认为是"不安心搞科研"的表现。在他将高新技术成果转化为产品并占领市场的前瞻性眼光下，北京大学率先推倒南墙，高扬大学要走产、学、研一体化道路的旗帜。1988年，北大新技术公司（方正集团前身）正式成立，参与王选发明的汉字激光照排系统的开发与生产，为实现王选"顶天立地"的思想提供了最好的施展空间。

"顶天，就是要有高度的前瞻意识，立足于国际科技发展潮头，感受市场最前沿的需求刺激，不断追求技术突破；立地，就是商品化和大量推广、服务，形成产业。我们一直提倡'顶天立地'的精神，靠科技创新来顶天，靠市场占领来立地。只有敢于参与国际上最激烈的市场竞争，才能产生世界一流的成果。"王选成为站立在知识经济潮头的一面旗帜——曾雄心勃勃来华研制、销售照排系统的欧美和日本著名厂商，面对"无可挑剔"的北大激光照排系统软件，全部悄悄地撤出了中国市场；王选和他的

团队陆续推出了远程传版技术、彩色桌面出版系统、采编流程管理的电脑一体化解决方案等。自此，中国印刷业彻底告别了"铅与火"。方正集团创造出一个产值 500 亿元的新兴的印刷产业，跻身于中国 500 家最大工业企业行列。

面对骄人的成果，王选总该长舒一口气了！然而，他不知疲倦的心仍在孜孜以求，"以前光是报纸、出版、印刷，现在我们到电视台，到电台，媒体出版都发展，跨到这个领域上去了。另外，从这个上，我们又发展到系统集成、公安指纹，我们都去做，作为信息产业的一个多元化，我们应该去发现。"方正的新技术产品从出版到通用软件、多媒体和硬件制造，从政府、银行的办公自动化到市场、邮电管理，从报业到动画制作、电视台流程管理，从指纹识别到精细化工，可谓灿若群星。

然而，王选开始研制照排系统的时候，并没有想到这个产品竟然会引起整个报业和印刷业的一场技术革命。"那时，我想照排系统一定是交给工厂生产。我也没有想过会有今天这样的荣誉和头衔。如果那时就一心想着荣誉和成就，也不会有今天的成绩，过分追求荣誉的人一般会急功近利。还没有做，就想着荣誉，什么事也做不好。欧美科学界流传这样的说法：'一心想得诺贝尔奖的人，得不到诺贝尔奖。'那时追求的是价值，是看到了取代铅与火带来的变革不可估量，是一场技术革命。"

2002 年 2 月 1 日，王选接过国家最高科学技术奖获奖证书，他感慨万千："选题的好坏和人的一生的成就关系很大。我觉得经常是这样的，赶潮流往往不行，一个人最可贵的是把一个冷门的东西搞成热门，我们要预见到社会的需求，来锻炼和培养自己。"

★ 档案盘点 ★

张立同（1938—　），辽宁海城人（生于重庆），著名航空航天材料专家。1963年毕业于西北工业大学热加工系。西北工业大学教授、博士生导师，厦门大学兼职教授；超高温结构复合材料重点实验室学术委员会副主任、国防科工委咨询委员会委员、中国复合材料学会副理事长、国务院学位委员会学科评议组成员、国家自然科学基金委员会工程与材料学部专家评审组成员等。中国工程院院士。

★ 卓越成就 ★

在氮化硅结合碳化硅、自增韧碳化硅、定向自生共晶硼化物复合材料、硅碳氮纳米吸波材料以及连续纤维增韧钡长石复相玻璃陶瓷复合材料等方面均取得新突破。特别是在连续纤维增韧碳化硅陶瓷基复合材料及其制造技术方面，打破国际封锁，建立了具有中国自主知识产权的制造技术与设备体系。

★ 人生语录 ★

伟大的中华民族应该有自己研制的世界一流的飞机，应该有一流的航空材料和制造技术，我愿意为这个理想奋斗终生。

张立同

耐心攻关的复合型巾帼院士

★★★★★

  2005年3月28日上午，2004年度国家科技奖励大会在北京人民大会堂举行。3000多名与会人士见证了连续空缺六年的国家技术发明奖一等奖的产生。西北工业大学张立同院士主持完成的"耐高温长寿命抗氧化陶瓷基复合材料应用技术"获此奖项。

  获奖后，张立同连同她的"耐高温长寿命抗氧化陶瓷基复合材料应用技术"逐渐为人们所熟悉。20世纪70年代以来，张立同一直奋斗在国防科技工业战线，成果斐然。

一、使技术更快转化为生产力

1991年1月，在美国做高级访问学者的张立同怀着报效祖国的强烈愿望，带着自己在国外的研究成果回到西北工业大学。根据近两年的国外研究经历，以及对航空航天材料发展新趋势的判断，张立同提出了陶瓷基复合材料研究的新方向，逐步坚定了发展"具有类似金属断裂行为的连续纤维增韧高温陶瓷基复合材料"的决心和占领这一高技术领域的信念。

陶瓷，由于轻和耐高温性而被航空航天领域青睐，可是陶瓷又容易碎。张立同的研究课题是如何提高陶瓷的寿命。当时只有法国和美国步入陶瓷基复合材料应用研究阶段，在材料构件的制造技术与设备方面，这两个国家对我国进行了严密封锁。在转到陶瓷基复合材料研究之前，张立同在传统金属材料领域已取得骄人成绩，获得了包括国家科学技术进步奖一等奖在内的多项奖励，并产生了巨大的经济效益。

为了在我国发展连续纤维增韧高温陶瓷基复合材料，在经费十分困难的情况下，课题组因陋就简自制了一台热压机。1992年冬天，西安特别冷，为了调试热压炉，课题组成员在冰冷的实验室度过春节。1993年，"全民经商风"又给课题组带来新考验，是放弃航空材料研究去搞开发，还是坚持发展陶瓷基复合材料的方向？面对持续不断的出国热和经商风，张立同以自己的人格魅力和满腔热忱稳定团队成员，"我们不能散伙，既要做教授，还不能做穷教授"，"要发挥群体力量去赚钱，稳定队伍、积累资金，等待机遇发展陶瓷基复合材料"。

张立同带领课题组确定了"航空为本、扩大基础、重点突破、军民

张立同与美国同行在一起切磋

两用"的发展策略。1993年,敢于开拓的张立同带领课题组南下,仅用了一个月时间,就帮助广东一家陶瓷企业攻克了技术难关,开发出新产品,获利20多万元。利用这笔钱,他们自行研制出一台纤维增韧碳化硅陶瓷基复合材料制备的小型设备,正式拉开了碳化硅陶瓷基复合材料研究的序幕。

研制过程充满艰辛,张立同回忆说:"有时做实验到深夜,大门关了,我们就爬墙出去。"所幸,碳化硅陶瓷基复合材料的研究很快有了进展,初步的性能数据令人鼓舞。经过不懈努力,"连续纤维增韧碳化硅陶瓷基复合材料"终于被列为国家"九五"科研课题,但意想不到的困难接踵而来。在把实验型技术与设备向工程型转化时,遇到的难题几乎使课题组成员丧失信心。当时,由于他们没有做出一炉性能合格的试样,"九五"课题中期检查时,差点被亮黄牌。

在那段异常艰难的岁月里,不服输的张立同夜以继日地泡在实验室,她率领课题组成员先后做了四代CVI设备,试验了400多炉次,终于在

1998年底制备出第一批性能合格的试样。经不断改进，1999年全面突破了碳化硅陶瓷基复合材料制造工艺与设备的一系列核心关键技术，材料性能达到国际先进水平，形成了具有独立知识产权的制造工艺及设备体系。

利用"耐高温长寿命抗氧化陶瓷基复合材料应用技术"研制的连续纤维增韧碳化硅陶瓷基复合材料，在国际上被公认为是反映一个国家先进航空航天器制造能力的新型热结构材料。它比铝还轻、比钢还强、比碳化硅陶瓷更耐高温、抗氧化烧蚀，而且克服了陶瓷的脆性，不会发生突发灾难性破坏。张立同介绍，这种替代金属材料可解决航空航天器燃料20%到30%浪费的问题，能满足航空航天器向高速度、高精度、高搭载和长寿命发展的需求。

采用该技术制备的多种碳化硅陶瓷基复合材料构件在不同发动机上均一次试车成功，在航空航天高技术领域和材料界引起轰动，其耐高温、低密度特性将大幅提高航空航天器性能，产品价格与传统金属相当，解决了"用不起"的问题。一时间，不断有同行上门商谈合作，国际会议也纷纷邀请张立同作报告。"耐高温长寿命抗氧化陶瓷基复合材料应用技术"获12项国家发明专利，使我国一跃成为继法国和美国之后全面掌握碳化硅陶瓷基复合材料制造技术及其设备的第三个国家。而且，这项技术的研发成功，也使我国走出自主创新、跨越式发展国际前沿性材料的道路，对国防科技工业和国民经济发展都将发挥重大作用。

张立同考虑得更多的是如何使技术成果产业化。为此，她及时提出做强、做大的发展新思路，呼吁国家成立由政府控股、企业参与的股份制产业公司，推动该先进复合材料尽快实现规模化生产，使技术更快转化为生产力，更好地为国家需求服务。

二、为科研项目日夜奋战的日子

航空发动机是飞机的心脏，解决叶片铸造变形问题曾经是提高航空发动机涡轮叶片质量研究中的难题。20世纪70年代初，发达国家已将一些重要的涡轮叶片生产由锻造改为无余量熔模精密铸造，叶片的工作面无须加工就可以达到所要求的尺寸精度和表面光洁度。当时我国熔模铸造技术还十分落后，即使增加抛光余量的叶片，变形报废率仍高达30%甚至更高。

对祖国的挚爱、对真理的追求，以及强烈的忧患意识使张立同下决心攻克这一难关。1973年，她顶着"文化大革命"中批判"唯生产力论"的逆风和某国防工厂合作，接下了"高温合金无余量熔模精密铸造叶片新工艺研究"这个没人敢啃的硬骨头。

此前也有不少人涉足叶片变形问题的研究却没有结果，"叶片变形无规律可循"似乎成了"真理"。但张立同不信邪，明知山有虎，偏向虎山行。为获得叶片变形的第一手资料，寻找叶片的变形规律，她吃住在工厂，与技术人员、工人一起跟班生产，测量了上千个叶片在10余道工序中的尺寸变化规律，测定了叶片在浇注过程中的温度场变化。

经过半年不分昼夜的工作，在数万个数据的分析中，张立同首次从理论上全面揭示了航空发动机涡轮叶片在熔模铸造过程中的变形规律和本质，为无余量精铸工艺研究提供了重要理论依据。这一研究成果引起同行的极大关注和高度评价。在理论指导下，张立同绘出刚玉型壳与温度的变化曲线，找到了叶片变厚"挺肚子"的原因，并研制出"保温壳体新工艺"。应用这项成果，精铸结构件报废率可降低10%—20%。

1976年，我国引进英国斯贝发动机专利，但其中无余量叶片铸造用的模料、制壳材料、陶芯等分属另三个厂家专利，需花上百万美元购买，就连其中做型壳材料的型砂也要从国外进口。了解到这些情况，张立同心潮难平。她知道，早在2400年前我们的祖先就发明了蜡铸造技术。明代宋应星所著《天工开物》曾详细记载了"失蜡法"的配料及工艺流程，说明用这种技术铸造器物，可以达到"雕镂书文，物象，丝发成就"的惊人效果。抗战期间，美国人奥斯特尔从我国传统的"失蜡法"铸造工艺得到启发，把这种工艺原理用于飞机喷气发动机叶片的制造，创造出"奥氏熔模铸造法"。发展到今天，"奥氏熔模铸造法"已成为世界上喷气发动机叶片制造的先进技术，并被少数几个西方国家垄断。如今，我们得花钱去买祖先发明的技术，作为一名新中国的科技工作者、一名共产党员，张立同心中沉甸甸的。

"我来干！"张立同以科技工作者崇高的责任感承接了这项国家急需攻关的项目，昼夜不分地忙了起来。张立同要研究的材料，超出她所学铸造专业的范畴，涉及几个其他学科，如硅酸盐学科等。为了掌握需要的专业知识，她钻进图书馆，做了上千次实验，测试了上万个数据，整理了100多万字的实验资料。

这个项目不仅涉及大量研究工作，还涉及不少材料的定点生产问

▎张立同在指导工作

题。1976年不少生产部门处于瘫痪状态，研究工作的难度可想而知。张立同带领课题组即使在"闹地震"的高潮中，仍然坚持在工厂夜以继日地工作。为了寻找材料的定点厂家，她跑遍了铜川矿区。没有设备，张立同带领课题组研制出高温、透气、膨胀、抗蠕变、表面湿润等10多种材料性能测试仪，填补了国内空白。

对数十种材料进行系统的调查测试和微观分析后得出了上万个数据，通过对这些数据进行理论分析比较，张立同终于研制出该工艺所需要的模料，筛选出较为理想的新型壳材料——陕西铜川上店土。1980年，用铜川上店土型壳材料铸造成功我国第一批高精度、低粗糙度的斯贝低压一级无余量空心导向叶片。新铸叶片尺寸精度及内部质量与国际著名的英国罗尔斯·罗依斯发动机公司斯贝发动机叶片相当，表面粗糙度还略低于英国叶片。英国罗尔斯·罗依斯公司一位专家持怀疑的态度，特地将上店土型壳材料、模料等带回英国鉴定。在精确的测试数据面前，外国专家信服了，他承认上店土是"高级莫来卡特"（莫来卡特是该公司所采用的世界"王牌"型壳材料），认为该模料是一种组织结构均匀一致的令人满意的模料，熔模是高标准的，上店土"是一种非常令人满意的撒砂材料，是非常好的抗蠕变型壳材料"。

从此，无余量铸造工艺研究成果得到国际认可，我国的熔模铸造水平进入国际先进行列，这为发展我国新型发动机复杂内腔叶片及薄壁复杂整体构件的生产奠定了理论和工艺基础。张立同主持研究的这一成果，荣获1985年国家科学技术进步奖一等奖。铜川上店土型壳材料，也被正式命名为"中华高岭土型壳材料"。这一材料的诞生，为我国进一步发展优质型壳材料开辟了一条新路，既满足国内高精度熔模铸件的要求，生产的铸件又远销国外，产生了巨大的经济效益和社会效益。据初步统计，仅使用无余量精铸工艺减少铸件废品及采用上店土所降低的成本，每年在一个厂就可达到数百万元。

紧接着，张立同又带领课题组接连突破了"铝合金石膏型熔模铸造""高温合金泡沫陶瓷过滤技术"等航空重大课题的技术难关，获得 1985 年国家科学技术进步奖二、三等奖。

1986 年以后，张立同根据航空发动机对超高温材料的需求及国际上航空高温结构陶瓷材料的发展趋势，决心开拓航空结构陶瓷的新领域。"八五"期间，她率领课题组承接了国防预研、航空型号攻关、国家基金、部委基金、横向协作项目等 26 项课题，解决了航空、航天发展需要的多种陶瓷材料问题。

由于 2004 年度国家最高科学技术奖和国家自然科学奖一等奖"双双"空缺，张立同获得的国家技术发明奖一等奖更是引人注目，不仅如此，这也是国家技术发明奖一等奖在连续 6 年出现空缺之后，首次产生的一等奖获奖项目。当被问及得奖心情时，张立同表示，得奖已经是昨天的事，成绩只是过去，而今迈步从头越。

作为学术带头人和重大项目的主持者，无论是项目前期广泛的调研、周密的资料准备、方案构思，还是到现场进行艰辛的设备调试、实验结果分析、理论数据的推导，张立同都认真对待，一丝不苟。

张立同的人生主题就是科研，她似乎是为科研而诞生的，但家庭的温馨恢复了她作为普通人的生活乐趣。来自家庭的支持化成一股永动的力量，使张立同轻装上阵，走向更广阔的科学天地。

★ 档案盘点 ★

李德仁（1939— ），江苏镇江人（生于江苏泰州），著名摄影测量与遥感学家、地球空间信息专家、教育家。1963年毕业于武汉测绘学院。国家航天专家组成员、国家重大科技攻关项目"高分辨对地观测系统"专家组副组长。现为武汉大学学术委员会主任、教授、博士生导师，测绘遥感信息工程国家重点实验室学术委员会主任，地球空间信息技术协同创新中心主任。中国科学院院士、中国工程院院士、国际欧亚科学院院士、国际宇航科学院院士。

★ 卓越成就 ★

首创从验后方差估计导出粗差定位的选权迭代法，这种方法被称为"李德仁方法"。20世纪90年代以来，提出地球空间信息科学的概念和理论体系。21世纪，提出广义和狭义空间信息网格的概念与理论、地球空间信息聚焦服务理论与方法、可量测实景影像与可量测虚拟现实等理论，并积极推动地球空间信息高新技术的产业化发展。领导研制了吉奥之星GIS系列产品、方略视讯系列产品和立得3S移动测量系统等高科技产品。

★ 人生语录 ★

科研工作者最先考虑的，应该是国家在一个领域是否被"卡脖子"，是否具有优势，是否急需应用成果。为国家解决重大问题、作出贡献，这是我们应尽的责任。

李德仁

为了"东方慧眼"的智造

★★★★★

    2024年6月24日上午，2023年度国家最高科学技术奖揭晓，李德仁因攻克了卫星遥感全球高精度定位及测图核心技术、解决了遥感卫星影像高精度处理的系列难题而获得有"中国诺贝尔"之誉的中国科技界最高荣誉。

    "坐地日行八万里，巡天遥看一千河。"在李德仁的带领下，中国人研发全自动高精度航空与地面测量系统，建起了自己的全球观测系统。李德仁自信地说："不仅人们对地球上的每个地方都看得快，而且看得清，认得准。我们能实现全球范围遥感数据从获取到终端应用的分钟级遥感信息快、准、灵服务。"

一、遇到恩师王之卓

走进江苏省泰州市姜堰区溱潼古镇，一栋青砖黛瓦的古宅映入眼帘。这是建于清乾隆年间的李氏老宅，从这所宅院里走出了李德仁、李德毅、李德群三名院士，当地人称李家是"一门三院士"。

进入院士旧居，厅堂上悬挂着80字的李氏家训：爱我中华、兴我家邦、少小勤学、车胤孙康、弦歌雅乐、翰墨传香、尊师益友、孝德永彰、和亲睦邻、扶幼尊长、敬德修业、发愤图强、女红针黹、娴淑贤良、诗书共读、兰桂齐芳、扶贫济困、造福一方、克勤克俭、家道隆昌。家训由李德仁的曾祖父李贞发手书于1890年，告诫子女要爱家爱国，勤学苦读，修身养德，奉献社会。

80字的家训，影响了李德仁的一生。2018年3月26日，李德仁在武汉大学作题为《老师教我做人做学问》的报告，专门讲到了李氏家训。"家训中有一句'孝德永彰'比较重要，意思是在家庭里面要孝敬父母，对外面要讲究道德。"李德仁说，正是家训教育让他在幼年时期便懂得了爱国、勤奋、好学、孝悌、勤俭、经世致用等优良品质的重要性，因此他们家一共走出了三位院士。

1957年，李德仁高中毕业后，考入武汉测量制图学院（1958年易名为武汉测绘学院，1985年10月更名为武汉测绘科技大学，2000年8月并入武汉大学成为武汉大学测绘学院）航测与制图系。

李德仁酷爱读书，"我本科时学俄语，苏联大牌专家的书我全读完了。大一时我也爱玩，但我更爱图书馆的那些书。我当时特别爱看欧美文化的经典著作，例如《莎士比亚全集》，后来看《红与黑》，又把法国作家的作品全看了，再到后来看歌德、托尔斯泰。当时我看书的状态是天天看书，一般两三天可以看完一本厚书。"

在这里，李德仁遇到了自己的恩师王之卓院士，王之卓是我国航空摄影测量和遥感学科的主要奠基人和开拓者。

当时，大学用的是苏联的教材。在阅读了大量专业书刊，做了大量心得笔记后，李德仁隐约觉得这些刊物里一些教授宣讲的"真理"有些问题。毕业前一年多，他一口气在父亲的废弃银行账本上写了三篇文章，阐述自己的观点，批判苏联几个作测绘遥感的权威，如罗曼诺夫斯基等。他把文章辗转交给武汉测绘学院副院长王之卓。"王先生仔细看了我的文章后，就支持我们学生的观点，说是苏联人的教材错了。记得那是一天下午5点钟，我按时到王教授家，王教授已经在我的习作上作了一大段赞扬的评语，充分肯定了我用仿射变换理论对变换光束测图的误差所作的分析和用多普勒效应测定航摄仪外方法元素的设想。师生一席谈话不知不觉过去了3个小时，王师母才进来请老师去吃晚饭。"

1963年，李德仁大学毕业，毕业设计由王之卓和郑肇葆两位老师指导，题目为《反光立体镜在航测分工法测图中的应用》。李德仁做毕业设计时，导出了比加拿大马尔赛克教授更加严密的公式及其简化形式，并用此公式完成了相对定向、绝对定向和平高加密及分工法测图等工作，而使用的工具仅为反光立体镜和视差镜。他的毕业设计被评为全年级最佳论文。

毕业设计做完后，王之卓又让李德仁将毕业论文压缩后在《测绘学报》上发表，王之卓亲自为李德仁修改论文、排章节、理头绪。从那次指导后，李德仁就学会了如何写科学论文。这是李德仁发表的第一篇学术论文。他得到180元稿费，一直没舍得花，这也是他后来和朱宜萱结婚时的

李德仁与朱宜萱

唯一存款。

那一年，李德仁报考了王之卓名下仅有一个名额的研究生，三门科目，李德仁得了两个 100 分、一个 99 分。

在李德仁读硕士研究生的时候，王之卓告诉他："我们中国人不能老是跟在外国人后面，我们要勇于提出新的研究方向，让外国人跟着我们走。"李德仁坦言，现在提这个观点大家都比较理解，但是在 20 世纪 70 年代提出这个观点，如果没有高的眼界是难以理解的。

在王之卓门下读了三年研究生，1000 多个日夜，李德仁埋头苦学，仅专业方面的读书笔记就有厚厚的 30 多本。1981 年，他以全优成绩获得硕士学位时，已练就一身过硬本领。王之卓建议他出国留学。

1982 年 10 月，李德仁去了德国。

二、珍惜在异域学习的机会

在德国波恩大学的前两周,李德仁把那里的平差软件做了改进。这个软件中有很多附加未知参数,引起平差解的振荡,俗称过度参数化问题。他钻研后,给它加了一定的约束,解决了这一问题。虽然他只花费了一个礼拜,但使软件有了重大改进,克服了过度参数化,提高了精度。波恩大学摄影测量研究所所长库普费尔教授很惊讶,说李德仁才在这里待了两周,就帮他解决了个大问题。库普费尔让他把这个成果用德语写成论文《克服过度参数化的几种方法》在该所专刊发表。

随后,李德仁做了一个自动搜索多个粗差的验后方差软件,写成一篇文章交给库普费尔教授。库普费尔把文章推荐给阿克曼教授,阿克曼又推荐给德国《摄影测量与遥感》杂志,杂志主编霍夫曼教授高兴得连说"不用修改,直接在1983年发表"。随后该论文提交给1984年的国际摄影测量与遥感大会,这个成果在王之卓的《摄影测量原理续编》一书中被称为"李德仁方法"。

1983年5月,李德仁到斯图加特大学学习,师从世界摄影测量权威阿克曼教授。

阿克曼给了李德仁几篇刚完成的文章和几本书让他看。李德仁看了之后,对书和文章提了好多意见,指出很多可以改进的地方。阿克曼非常喜欢这位能发现他文章和书中问题的学生。

攻读博士期间,李德仁每天早上6点多起床,第一个打开实验室和资料室大门,常在教堂午夜的钟声响过之后才走出实验室,每天工作14小时以上，在机房或办公室推导公式、做实验，做了几百组计算机仿真实验。

　　1984年10月，李德仁完成了长达255页的博士论文《摄影测量平差中控制点粗差和像片系统误差可区分的理论及试验研究》并开始送审。按照规定，需经斯图加特大学的100多位教授审阅。1985年2月5日，李德仁获得斯图加特大学博士学位论文答辩最高分并打破历史纪录。

　　从1982年10月抵达德国到1985年2月回国，只用了不到两年半时间，李德仁就完成了通常需要五六年才能完成的博士学位课程和论文。他的博士论文成果对占统治地位的荷兰学者巴尔达教授的经典理论进行了扩充和发展，把经典的可靠性理论发展到新的可区分阶段，使不同模型误差的区分和同一模型误差的定位难题迎刃而解。

　　李德仁首次创立了误差可区分性理论和系统误差与粗差探测方法，为现代测量学奠定了数据处理的理论基础。德国洪堡基金评委、国际知名大地测量学家格拉法韧特认为，"它解决了一个测量学的百年难题"。李德仁也因此获得1988年联邦德国摄影测量与遥感学会"汉莎航空测量奖"，围绕该理论编写的英文专著《空间数据挖掘理论与应用》位列2016年业内最具影响力著作之首。今天，即使是世界上科学技术最先进的国家，也要用李德仁的理论来校正自己的航测平差系统。李德仁以智慧和勤奋实现了超越前贤的梦想。

三、千里眼与顺风耳不是梦

　　在德国获得博士学位后，李德仁婉拒了欧美科研院等多家机构抛出的橄榄枝，毫不犹豫地选择回国。

1985年2月底,他如期归国,开启漫长的科学报国之路。他回到武汉测绘学院,不讲职称和待遇,给本科生开了三门课。次年,他被破格晋升为教授。1991年、1994年他先后当选为中国科学院学部委员(院士)、中国工程院院士。

作为摄影测量与遥感专家,他攻克了卫星遥感全球高精度定位及测图核心技术,解决了遥感卫星影像高精度处理的系列难题,带领团队研发全自动高精度航空与地面测量系统,为我国高分辨率对地观测系统的建立和从遥感大国迈向遥感强国作出了突出贡献,为共和国擦亮了"天眼"。

作为教育家,他始终奋战在教学科研第一线,倡导"读书、思维、创新、实践"的教育理念,高度重视多元化团队的建设,以开放包容的胸怀广纳贤才。在李德仁的带领下,武汉大学成功构建了全球规模最大、覆盖面最广、教育体系最为完善的测绘遥感学科体系,组建了一支在遥感对地观测领域享有国际盛誉的高水平创新团队。他说:"我人生最大的乐趣就是当了一名教师,可以培养一代又一代的年轻人,教他们如何去做人、做学问,而且我又把我想做的事情从鼎盛时期做好,方向看好,让年轻人有活干,有出成果创造价值的机会。这个力量大于我一个人的智慧,大于我一个人的力量。"

近年来,李德仁提出要加快建设"通信—导航—遥感"一体化的"东方慧眼"智能遥感卫星星座。如今,耄耋之年的李德仁带领团队雄心勃勃地实施着一个极为宏大的计划——200多颗卫星组网的"东方慧眼"智能遥感卫星星座计划。该计划预计到2030年可在轨200多颗卫星,包括高分辨率光学和雷达卫星、高光谱卫星和热红外卫星,跟通信卫星、导航卫星连在一起形成"星网"。这些卫星将构成一个对地观测网,让全球更多的人享受中国卫星带来的优质服务,帮助人们对地球上的每个地方都看得快、看得清、看得准、看得全、看得懂,可用于农业、交通、采矿、海运、智慧城市、智慧农村等。李德仁满怀信心地说：不久的将来，"东方慧眼"星座将闪耀浩瀚星河，大家可以用手机调用头顶的卫星，三五分钟就能看到自己想看的地球图片或视频，中国人民及世界人民都能拥有千里眼、顺风耳！

在李德仁看来，世界科技竞争本质上是人才的竞争。对他而言，培养更多创新人才，让测绘科学后继有人，才是他永恒的课题。他先后培养出中国科学院院士1人，中国工程院院士1人，10余人入选国家高层次人才计划，多人成为国内外知名高校教授……

"青年人要准备好，做一个能完成国家交付的重大任务的人！"李德仁经常对青年人如此讲。抬起头探索宇宙的奥妙，低下头追问地球的可持续发展。在我国发展测绘遥感科学的征途上，李德仁带领团队，交出了一份份亮眼的答卷！

李德仁在武汉大学毕业典礼上为毕业生拨穗

★ 档案盘点 ★

李济生（1943—2019年），山东济南人，著名人造卫星轨道动力学和卫星测控专家，中国航天测控领域的开拓者之一，被誉为太空"牧星人"。1966年毕业于南京大学天文系。历任中国西安卫星测控中心技术部软件室副主任、总工程师，总装备部科技委常任委员、宇航动力学国家重点实验室学术委员会主任委员等，曾受聘为中国空间科学学会理事、中国宇航学会顾问、西安交通大学兼职教授，中共十五大、十六大代表和第十届、十一届全国政协委员。中国科学院院士。

★ 卓越成就 ★

在人造卫星轨道动力学研究方面，发现了低轨道三轴稳定卫星姿控动力对卫星轨道的摄动并建立了相应的动力学模型，提高了定轨精度。建立了中国卫星测控精密定轨系统，满足了中国各型号卫星对定轨精度的要求。在卫星测控工程方面，对卫星测控软件系统提出了"模块化自动调度"设计思想，并完成了中国第一颗地球同步通信卫星"东方红二号"测控调度软件和测控计划生成软件的设计与开发。

★ 人生语录 ★

我是踩着众人的肩膀一步步上来的。我国航天测控事业要赢得新世纪，就要培养一大批年轻人，我愿用自己的肩膀为年轻人搭起攀登的云梯。

李济生
"牧星院士"的人生轨道

★★★★★

从"东方红一号"卫星最初的定轨精度概念,到误差精度由公里级达到米级,以及具有中国特色的航天测控管理模式"一网管多星"技术的攻克,李济生在航天领域所取得的每一项成果,都代表了中国航天测控的基础性发展阶段,突破了多项技术难点,达到世界先进水平。

悠悠通天路,延伸着李济生的飞天梦想,承托着他执着的"牧星"追求。

一、沸腾的戈壁滩与难以下咽的水饺

1970年4月24日,巴丹吉林沙漠深处的旷野上,我国自行研制的第一颗人造地球卫星"东方红一号"在酒泉卫星发射基地即将飞向太空。

在距发射架不远的平房里,一个小伙子正聚精会神地反复核对着卫星设计方案中的轨道数据。他,就是三四年前从南京大学天文系天体力学专业毕业的李济生。

卫星轨道计算是卫星测控的基础,直接关系卫星测控工作的成败。尽管当时李济生已不知把轨道计算的方案研究了多少遍,但我国毕竟是第一次发射卫星,没有任何经验借鉴,他只能用过细的工作期盼着那个激动人心的时刻。

21时35分,载着"东方红一号"卫星的火箭喷吐着巨大的烈焰腾空而起。18秒后,火箭转弯朝东南方向越飞越快,转瞬消失在茫茫的苍穹。

各个观测站及时捕获了卫星的各种信息,一组组观测数据源源不断地输进测控中心的电子计算机。李济生和同事们边接收边处理,很快计算出了卫星的初轨参数,证实卫星已经正常入轨。

"星箭分离!卫星入轨!发射成功!"刹那间,戈壁滩沸腾了!这是让每一个中国人都扬眉吐气、倍感自豪的时刻。中国航天人完全独立自主地发射了自己的卫星,揭开了中华民族航天史上崭新的一页。

"东方红,太阳升……"嘹亮的《东方红》乐曲声回荡在遥远的太空。世界为之惊叹。

庆功会上,大家举杯相庆,27岁的李济生却端着一碗饺子难以下咽——

刚才一位老专家的问话萦绕在他的耳边："卫星虽然上天了，轨道也计算出来了，但你知道定轨精度是多少吗？"李济生默然。

他的目光投向茫茫夜空——早在一年前，美国"阿波罗"飞船已经登上月球。20世纪60年代末，美国和苏联已将上百颗卫星送上太空——他们的卫星轨道确定精度优于百米，而我们的定轨精度还是一片空白。不知道定轨精度，就不知道轨道计算结果的可信度；没有精确的轨道数据，就无法对卫星进行有效控制。一个强烈的愿望在这个年轻人心里萌生：一定要研究出我国卫星定轨精度的判定方法。

那些时日，在戈壁滩上那间简陋的工房里，李济生开始了对卫星轨道确定技术的钻研——推导公式，学习软件，分析计算结果，研究确定轨道精度的方法。功夫不负有心人，李济生终于找到了卫星轨道精度的估算方法，计算出我国第一颗卫星的定轨误差为1—2公里。我国近地卫星轨道精度误差从此有了初步的数量概念。

李济生说自己很荣幸，一进入航天领域就参与了中国自行研制的第一颗人造卫星"东方红一号"的测控工作，并在发射成功后第一次近距离接触到钱学森："这是我第一次见到钱学森，印象很深，他很和善的。"

二、不服输的两台老式电脑折服洋专家

研制地球同步通信卫星的计划，是抢占航天制高点的战略举措。但这项庞大、复杂、高新技术密集的系统工程，直到1982年仍处于攻坚阶段。原因在于，我国的卫星研制与发射技术基础落后；西方大国又对我国实行技术与设备全面封锁。采用高性能计算机是提高测控能力的有效途径，可

我们恰恰没有。当时西安卫星测控中心仅有的 2 台 1970 年研制的晶体管计算机，总内存量甚至不如 1 台 286 微机。让这样的计算机实时处理通信卫星测控中的各类数据信息，好像天方夜谭。

我国有关部门曾多次与国外公司接洽，试图引进计算速度为每秒百万次的计算机，但是，当时由西方国家组成的"巴黎统筹委员会"总是把先进计算机列入对中国的禁运产品，从国外进口先进计算机是不可能的。1983 年有几位外国通信卫星专家访问西安卫星测控中心，当技术人员与一位外国专家研讨地球同步卫星的测控技术时，凡是问到关键技术，这位专家就很傲慢地说："对不起，我没带笔记本，没法细讲。你想要了解的话，请到我们国家去吧！"李济生的心被深深刺痛了。那位外国专家参观西安卫星测控中心的机房时，指着我们的计算机说："用这样的计算机要完成地球同步卫星的测控任务是不可能的！"

"你能封锁技术，但是封锁不了中国人的志气和智慧！"李济生在心里说，"中国航天的命运要靠自己来把握。"他和同事们一起研究："'硬件'不行，我们用'软件'补。"他表示要将计算机程序设计得更加科学和巧妙，以节省应用软件和测控数据的存储空间，并能在各应用软件之间快速、灵活地切换，用"软件"弥补现有计算机处理速度低和内存不足的缺陷。

没有先例可循，只有在崎岖山路上艰难地攀登。李济生和同事们度过了那难以忘怀的日日夜夜，他的体重从 110 斤降到了 90 多斤。他在一片荒漠中开垦，用生命极限向工程技术极限挑战。他所做的一切，就是要把看似不可能的事变成可能。

这是在创造一个科学奇迹。李济生和同事们按时完成了我国第一颗地球同步通信卫星测控软件的研制工作，奏响了中国航天测控史上的一段辉煌乐章！

卫星发射前夕,时任国防部部长张爱萍来中心视察。听说全部测控软件已经通过,张爱萍握着李济生的手说:"在这样落后的机器上能完成这样重大的任务,了不起啊!"时任七机部副部长宋健观看了模拟卫星测控过程的星地大回路演练,兴奋地说:"犹如欣赏一曲美妙的交响乐!"

1984年4月8日19时20分,中国"长征三号"火箭载着第一颗同步通信卫星呼啸着飞上蓝天。4月16日18时27分57秒,在西安卫星测控中心控制下,卫星成功地定点于距地球36000公里、东经125°的赤道上空。4月20日起进行15路广播和1路彩色电视的传输试验,使新疆乌鲁木齐从此能直接收到中央电视台当天播出的电视节目。从此,中国人有了自己的通信卫星,中国开始用自己的通信卫星与世界对话。

这年5月,李济生到国外参加国际空间科学年会,和那位外国专家不

李济生(右一)在西安卫星测控中心指挥大厅的指挥席上

期而遇。那位外国专家知道了中国人创造的奇迹，一改上次傲慢的态度，迫不及待地问李济生："你们那个地球同步卫星测控是在什么计算机上完成的？"李济生自豪地回答："就是你看过的那几台计算机。"对方惊愕地说："奇迹！真是奇迹！"

此后不久，外国航天专家来参观，看到那两台落后的老式电脑，怎么也不相信，用这样的设备能完成通信卫星的测控任务，认为西安卫星测控中心把先进的计算机藏起来了。许多年后，人们还忘不了这件事，称这两台计算机为"功勋计算机"。

三、靠立足自主创新而挺起腰杆

"国家级有突出贡献的中青年专家""中国航天基金奖""何梁何利基金科学与技术进步奖"……在航天测控事业上，李济生获得过不少褒奖。但是，让他刻骨铭心的却是一次次"耻辱"。

"东方红三号"卫星研制之初，我国希望从美国引进卫星用固态功率放大器技术，但经过两年的谈判，美国始终坚持不转让技术，仅同意以每台20万美元的价格提供C波段8W的产品，但供货合同在"海湾战争"期间两度中断，严重影响了我国卫星的研制进度。为保证卫星工程应用急需，我国组织中国电子科技集团公司第十三研究所（以下简称十三所）集全所之力，用了1年零9个月时间于1993年完成了卫星用固态功率放大器的自主研制。但是我国研制成功后，美国很快宣布对此类同档次产品不再禁运，我国用户单位又以选用进口器件为主，将国产卫星固态放大器冷落在一旁，且随后国家对十三所也不再持续进行技改投入，致使十三所在该方向的科研创新全面停顿，技术能力一直停留在 C 波段 8W 的水平上。进一步的研究工作停止了 15 年后，到 2008 年才在国家重大专项中重新安排更大功率的卫星固态功率放大器的研制，严重制约了我国卫星核心器件国产化的进度。

历史和现实告诉我们：要想挺起腰杆，就一定要把高技术的命脉牢牢掌握在自己手中。美国等西方国家对我国高技术的发展轮番使用"遏制"和"扼杀"政策，严重影响和威胁到我国的经济利益和国家安全。2009 年 3 月，李济生在全国政协十一届二次会议上作为第一提案人提出应尽快制定《中华人民共和国反禁运法》，以立法的形式对我国的自主创新进行保护和对西方国家的禁运措施以及恶意贸易冲击进行反击和震慑，他认为这直接关系我国未来和谐社会创新体制建设和国家利益的安全。李济生说："关键的技术，别人是不会轻易转让的，只有依靠自己才能提高和发展。"

2007 年 1 月，李济生和夫人在人民大会堂

地球是人类的家园，外太空、宇宙空间是属于人类的共同财富，目前人类掌握的只是这种丰富资源的一小部分。中国政府一贯主张和遵守和平利用外太空原则，并认为这是推动建设持久和平与共同繁荣的和谐世界的一项重要内容。李济生说："和平利用空间，这是全人类共同的

愿望，谁也不愿意在天空也不得安宁。但是，从空间资源应用来看，在军事、经济等各方面，都有重大的影响，凡是有利益的地方，就会有争夺。我主张和平利用空间，但是也要发展我们的空间技术。"

"搞天体力学在外人看来可能比较枯燥，整天就是计算——没有其他的实验手段，基本上也不去观测。你想想看，一个人造卫星我也没有去看它，在天上看不见摸不着的一个东西，我就给你这个观测数据，算出来它的轨道，然后预报它什么时间在什么地方，到时候一看它确实在那个地方，这不也是一种乐趣吗？"李济生沉迷于轨道，沉迷于探索浩瀚宇宙中的无穷奥秘。

1997年底，李济生当选为中国科学院院士，他说："我是踩着众人的肩膀一步步上来的。我国航天测控事业要赢得新世纪，就要培养一大批年轻人，我愿用自己的肩膀为年轻人搭起攀登的云梯。"

他在编著《人造卫星精密轨道确定》时，有意吸收青年科技人员参加，借此机会帮助他们掌握天体力学理论和卫星精密定轨技术。这本书后被中国科学院、国防科技大学等院校定为相关专业博士生必修教材。

如今，"牧星院士"李济生已离开我们了。可以告慰他的是，西安卫星测控中心不仅实现了高层次科技人才的新老更替，而且拥有了新一代青年人才方阵。这个英雄群体，创造了我国航天测控事业一个又一个辉煌，成为永不枯竭的力量源泉，推动航天测控事业不断前进。

★ 档案盘点 ★

黄璐琦（1968—　），江西婺源人，著名中药资源与鉴定专家。曾任国家"973计划"项目首席科学家。现为国家中医药管理局副局长、全国政协十三届常务委员，全国中药资源普查试点工作专家指导组组长、科技部重点领域中药资源创新团队负责人。中国中医科学院院长，中国工程院院士。

★ 卓越成就 ★

作为中国中药资源普查试点工作专家指导组组长，牵头编制了《全国中药资源普查技术规范》，组织实施第四次全国中药资源普查试点工作；提出并发展了"分子生药学"学科和道地药材形成理论；建立了珍稀濒危常用中药资源五种保护模式和中药材鉴别新方法，使分子鉴别方法首次收载于国家药典。

★ 人生语录 ★

遇到研究上不顺利的时候，反而会激起你的斗志。问题解决后轻松惬意的心情，更是一种享受。

黄璐琦

给中药资源"号脉"

★★★★★

黄璐琦的心间一直挂着"继承与发展"这个理念,他坚持以中医理论为指导,努力尝试把各个领域的知识引入中医中药。对分子生药学的研究,他一坚持就是近20年。

一、领衔摸清中药资源"家底"

2011年11月，国家中医药管理局启动了第四次全国中药资源普查，这是自1983年第三次全国中药资源普查后，对国内各省现存中药资源进行的一次"大摸底"。黄璐琦被任命为第四次中药资源普查试点工作专家指导组组长。

时隔近30年，原有数据已不足以支撑产业发展的科学决策，与此同时，环境发生了巨大的变化，技术手段也有日新月异的突破。摸清国内中药资源基本现状，成为迫切而重要的任务。对于藏在深山里的中药，又能有哪些新的认识？在环境的巨变下，哪些品种已经面临濒危局面？这些问题都摆在中医药人的面前。

作为专家组组长，黄璐琦除在北京日常的繁杂工作，以及参加各地的学术会议、交流考察之外，带领各地资源普查队员跋山涉水、翻山越岭，进行技术指导、监督检查，成了他工作的主旋律。几年间，细算下来，黄璐琦几乎一半的时间都在野外跟中药"面对面"地打交道。带领各地普查队员，他走过了全国60余个普查试点县。"这对于我来说是一段太珍贵的经历了！"他感叹道。一种中药材是否道地、在何地分布、数量多少，他都了然于胸，如数家珍。

在河南安阳汤阴县考察时，黄璐琦发现在当地伏道扁鹊庙院周围有不少艾叶，回来查阅李时珍《本草纲目》，里边记载："艾叶以汤阴复道者为佳。"这里的"复道"是否就是"伏道"？黄璐琦通过梳理艾叶道地沿革，考证"伏道"地名，同时结合全国中药资源普查实地所得资料，得出"复

黄璐琦（右）在野外调查中药资源

道"一词首次出现于宋代苏颂《本草图经》，历代沿用，但所指均不甚清楚，至《本草纲目》始出现"汤阴"与"复道"并提。伏道为扁鹊墓地之一，商周时即存在，沿袭至今，未曾变化，汤阴艾因伏道扁鹊庙而得名，可推测李时珍认为"复道"即"伏道"，北艾产地应为"汤阴伏道"。

在西藏海拔4000米以上的高原地带考察过程中，黄璐琦以科学家敏锐的洞察力发现了苦味枸杞，这种枸杞与平时多见的甘甜味道的枸杞大有不同。查阅《本草原始》，他发现确有"枸杞子，味苦"的记载。在人迹罕至的高原地区，植物生长多年来未经过人类生产生活的影响，野生的枸杞原本就是苦味的，经人工驯化、选择后变为现在的甘味。"相关研究基本完成了，我打算根据这些整理出论文。这些发现对今后的研究都有启发作用。"黄璐琦说。掌叶大黄的叶子可开发成蔬菜、三七种植问题的解决思路……这些都成为他的新课题。

922个县级普查点遍布全国31个省（区、市），在野外工作的队员达到上万名。中药资源普查工作发现2个新属25个新物种，汇总得到1.3万多种药用资源的种类和分布等信息，中药资源种类数已超过第三次全国中药资源普查。

黄璐琦发现，各地在中药材种植、采收方面，包括资源普查工作本身，都有自己的创造。比如，田地里收割过后的麦秆，在地表留下适当的高度，正好可以用作瓜蒌的天然"棚架"，只需在田里播下种子，瓜蒌在生长过程中藤蔓自然攀缘到这些"棚架"上，既节约时间资源，又绿色环保。

野外普查的艰难，有时不仅体现在风餐露宿的辛苦上，更危险的是有时会面对生与死的考验。在野外工作的队员达到上万名，他们的安危冷暖，时时牵动着黄璐琦的心。2012年9月7日，他刚从云南昭通彝良普查点回京，彝良就发生了5.7级地震。他第一时间给当地普查办公室打电话询问情况，得知只有办公房屋损坏，队员都已平安归队，才松了一口气。"现在全国普查点分布图深深印在我的脑海中，哪里发生自然灾害我就首先想到队员生命会不会受到威胁，时刻绷紧一根弦，深感压力重大。"

二、分子生药学创建的前前后后

1992年，黄璐琦成为北京医科大学一名博士研究生，师从著名生药学家楼之岑和著名药用植物学家诚静容。"这些导师在为学做人方面都对我产生过深刻的影响。曾担任中国药学会理事长的楼之岑院士，严谨治学的精神让我敬仰。一位师兄给当时国内最高水平的专业杂志投稿，编辑意见是文章水平很高,但篇幅长。师兄把稿子拿给楼之岑院士,先生提笔批注'我们不能削足适履',后面署名'生药学教授楼之岑',而后返给编辑部。最终,论文全文发表。先生的不凡气势和深厚功底可见一斑。"

读书期间,黄璐琦对栝楼属植物研究产生兴趣。栝楼属植物药用价值和经济价值都很高,如有抗癌作用的天花粉即属于此属。为调查国内栝楼属的药用植物,他只身前往广东、广西、云南、贵州的深山老林实地考察,采集植物。他还广泛查阅英国、美国、澳大利亚、日本等国标本,最终整理出世界范围的栝楼属植物名录,并发现新种植物,使中国在这一领域的研究达到国际先进水平,解决了被世界葫芦科专家杰弗里(C. Jeffrey)形容为"东亚地区葫芦科中最难处理的"分类学难题。黄璐琦也因此获得北京医科大学特等奖学金。

在进行栝楼属植物分类学研究时,黄璐琦发现有很多问题用传统技术和方法已经无法很好地解决,而分子水平的研究则很可能为这门古老学科带来新的生机。

1995 年,年仅 27 岁的黄璐琦以《展望分子生物技术在生药学中的应用》为题将自己长期以来的思考发表在《中国中药杂志》上,文中首次提出了"分子生药学"的概念。这在当时沉闷许久的生药学研究中引起了强烈的反响。随后,一支充满活力的创新团队在他身边迅速形成。科学技术的发展和学科间的交叉融合是一股强大的力量,对于中药研究来说,借助这股力量会给这门古老的学科带来前所未有的生机和活力。

以黄璐琦研究团队为核心,在很多中医药学者的积极参与和大力协作下,国内第一部从基因水平研究生药学的著作《分子生药学》得以问世,这标志着一门崭新的生药学分支学科——分子生药学在国内诞生。此后,此书成为复旦大学、北京大学和华西医科大学等高校的研究生教材。经过多年的建设和发展,在黄璐琦和他的团队不懈努力下,分子生药学现已成为研究方向稳定、技术水平领先、理论思想创新、学术影响广泛、学科队伍合理的具有国内外领先水平、规范化的创新学科。

从诞生之日起，分子生药学就受到中药学界的普遍关注，捷报频传。2006年《分子生药学》第二版出版，2008年适合高等院校本科生使用的《分子生药学》教材出版。迄今，全国已有10多所高等院校开设该课程。2012年，这门新兴学科成为国家中医药管理局中药生药学重点学科，也是国家中医药管理局重点研究室和三级实验室所在的学科。分子生药学于懵懂之际、晨光熹微之时发起，如今已亭亭如盖。

2006年，38岁的黄璐琦申请了国家"973项目"的课题"中药药性理论继承与创新研究"，而这一年是国家"973计划"（国家重点基础研究发展计划）首次设立中医药研究专项，黄璐琦抓住这一难得的机会，开始中药学的创新研究，并成为"973项目"年轻的首席科学家。做课题的时候，黄璐琦待在家里的时间很少，不足20平方米的实验室成为他的常驻基地。有时候，为了做一个实验，他直到凌晨才能回家。

黄璐琦崇尚创新科研，在实践研究中，他赞成要敢于提出假说。他认为，如果假说能够经受住一种关键性的检验且能够符合一般科学理论，那么这种假说就会被接受。在道地药材的形成机理研究上，假说研究就得到了应用。以"973项目"为支撑，黄璐琦围绕道地药材形成的几个模式假说，利用研究室在道地药材分子生药学研究和道地药材生态学研究方面的优势，根据经典遗传学和表观遗传学的理论方法，运用生态学的原理，配合受控试验，研究环境、遗传因素及其交互作用影响药材道地性的特征及表现在功效、安全性和化学成分上的变化及其规律，最终揭示了道地药材的形成机理，在国内开创了道地药材形成的分子机理研究的先例。2003年，黄璐琦和他的团队还创办了"生药分子鉴定实验室"，并获得了国家中医药管理局三级实验室认证。2009年，他的研究室成为"国家中医药管理局道地药材生态遗传重点研究室"。在这些独具一格的科研平台上，创新理论和科研实践不再脱节。他们利用各种实验条件验证、完善科研设计，并大胆地使用这些成果去指导中药的生产实践。

黄璐琦引入分子生物学技术，建立起中药材鉴别新方法，其中利用高特异性聚合酶链式反应技术鉴别中药材乌梢蛇真伪的方法荣获中国专利优秀奖，被 2010 年版《中国药典》收载，这是分子鉴别方法首次收载于国家药典。他带领课题组发现了一条丹参酮合成的关键酶基因及二萜生物合成新途径，并在国际著名刊物《美国科学院院刊》(PNAS)、《美国化学会志》(JACS) 等上发表了系列高水平文章。

三、中药专家曾经怀揣建筑梦

素有"书乡""茶乡"之称的江西婺源，是黄璐琦的出生地。黄璐琦的母亲金青是中医师、新安医学学派传承人，黄璐琦从小便跟随母亲出诊，并且帮助采集草药，耳濡目染地学了一些中医知识。

1985 年，怀着建筑师的梦想，黄璐琦在高考志愿表上填写了同济大学建筑学专业。可是，命运偏偏跟他开了一个玩笑，他没有被录取，反而被调剂到江西中医学院中药专业。"这就是天意，上天安排的，我不后悔。建筑与医药，都是民生很大的一块，与老百姓都息息相关。"子承母业的黄璐琦，为此投身中医药领域。过去对母亲从事职业的骄傲自豪，逐渐变为自己对所学专业的热爱。

本科毕业后，他考上全国中医药权威机构中国中医科学院，师从同仁堂的创始家族——乐家第十三代传人乐崇熙攻读硕士学位。

黄璐琦是国家杰出青年基金、中国工程院光华工程科技奖（青年奖）、中国药学发展奖、中国青年五四奖章、中国青年科技奖获得者，曾被评为全国优秀科技工作者、中国中医药十大杰出青年、卫健委有突出贡献中青年专家、中央国家机关十大杰出青年、北京十大杰出青年等，入选为新世纪百千万人才工程国家级人选，多次获国家科学技术进步奖，享受国务

▎黄璐琦与母亲在一起

院政府特殊津贴，并当选2014年中医药新闻人物。现在，黄璐琦作为中国工程院院士、全国政协常委更是关注、关心着团队中青年的成长、成才、成功，重视培养和提升他们的人文情怀与文化素养。

黄璐琦的"偶像"是药圣李时珍。李时珍在数十年行医以及阅读古典医籍的过程中，发现古代本草书中存在不少错误，决心重新编纂一部本草书——35岁开始编写《本草纲目》，以《证类本草》为蓝本，参考了800多部书。这么多年来，黄璐琦参照李时珍的事迹践行着，在科研的路上知难而进，迎难而上。